食品企业
常见法规问答

费洪涛◎主编

中国轻工业出版社

图书在版编目（CIP）数据

食品企业常见法规问答 / 费洪涛主编 . — 北京：中国轻工业出版社，2023.11
ISBN 978-7-5184-4672-8

Ⅰ . ①食… Ⅱ . ①费… Ⅲ . ①食品企业—企业法—中国—问题解答 Ⅳ . ① D922.164-44

中国国家版本馆 CIP 数据核字 (2023) 第 216925 号

责任编辑：江 娟
文字编辑：杨 璐　　责任终审：唐是雯　　整体设计：锋尚设计
策划编辑：江 娟　　责任校对：朱燕春　　责任监印：张 可

出版发行：中国轻工业出版社（北京鲁谷东街5号，邮编：100040）
印 刷：三河市国英印务有限公司
经 销：各地新华书店
版 次：2023年11月第1版第1次印刷
开 本：720 × 1000 1/16 印张：11.25
字 数：136千字
书 号：ISBN 978-7-5184-4672-8 定价：68.00元
邮购电话：010-85119873
发行电话：010-85119832 010-85119912
网 址：http://www.chlip.com.cn
Email：club@chlip.com.cn
如发现图书残缺请与我社邮购联系调换
230447K1X101ZBW

本书编委会

主编 费洪涛

编者 梁　超　李奋梅　费　超　关　丹　王　爽

胡沐雨　刘明月　姜思宇　李潇凡　刘鹏云

曲艺彤　曲　云　侯　智　刁一茗　肖　月

于　婷　丛玉梅　侯明玉　胡　涛　周子裕

前言

党的十八大以来，“四个最严”要求为食品安全治理工作指明方向。随着《中华人民共和国食品安全法》及其实施条例等法规的落地实施，出现了一批被处以巨额罚款，甚至刑事处罚的典型案例，食品企业合规管理的重要性日益突出。

中食安信（北京）信息咨询有限公司作为一家专业服务于食品行业的法规咨询机构，致力于为行业企业提供全方位的食品法规咨询服务。2023年恰逢中食安信成立十周年，我们组织人员从实践经验出发，以法律法规为基础，参考实际案例，以问答的形式对食品企业常见法规问题进行了深入浅出的解读，以期对食品企业和相关从业人员提供一些帮助，致力于提高行业的整体合规管理水平。

本书力求兼顾科学性及实用性，但由于食品合规管理涉及面广，相关各方对法规标准的理解尚存差异，加之编者水平有限，故疏漏之处在所难免，敬请读者批评指正。

编者

2023年10月

序言

随着国民经济发展和社会进步，我国食品供应越来越丰富，品种日益增加，能满足各类人群的需要。然而，消费者对食品安全和营养健康质量的要求也越来越高。食品生产经营者作为该方面的第一责任人，首先必须做到全面和不折不扣的合规。具体来说，就是要遵守《中华人民共和国食品安全法》《中华人民共和国农产品质量安全法》等法律法规以及国家市场监督管理总局、国家卫生健康委员会、农业农村部等相关部门颁布的各项管理办法、标准等。只有这样，才能使老百姓消费得明白、吃得安心。这也就是体现了食品生产经营者维护消费者权利、保护消费者的安全和健康的责任。

我国是食品生产大国，食品产业总体在向着整合、变强、有序的方向发展。但是，与西方发达国家相比，我国的食品产业中仍存在着大量中小企业，部分企业和负责人的合规管理意识不强，对于食品法规、标准的理解不全面、不透彻，以致合规不到位，甚至有违法操作。这不仅可能危害到消费者的身体健康和正当权益，而且根据《中华人民共和国食品安全法实施条例》"处罚到人"规定的要求，企业和相关负责人也将面临监管部门的巨额罚款甚至刑事责任。从这个角度来看，合规管理成为产业发展的第一要务，也不为过。

为了帮助广大食品生产经营者做好合规管理，中食安信（北京）信息咨询有限公司基于多年工作经验的积累，组织编写了这本《食品企业常见法规问答》。本书根据食品企业合规管理的实际需求和常见问题，分为食品标签标识及广告宣传常见问题、食品原料及食品添加剂常见问题、食品生产经营常见问题三章，共150个问题。文字通俗易懂，有理有据，是食品生产经营者不可不读的一本好书。

希望本书的出版，能够帮助食品行业生产经营企业和相关负责人，更好地理解食品标准法规的内容，规范企业合规管理，从而推动我国食品产业整体合规水平的提升。

目录

第一章
食品标签标识及广告宣传常见问题

第二章
食品原料及食品添加剂常见问题

第三章
食品生产经营常见问题

第一章

食品标签标识及广告宣传常见问题

1. 预包装食品标签标示内容有哪些？

依据GB 7718—2011《食品安全国家标准　预包装食品标签通则》，将预包装食品标签分为“直接提供给消费者的预包装食品标签”和“非直接提供给消费者的预包装食品标签”。

直接向消费者提供的预包装食品标签标示应包括食品名称、配料表、净含量和规格、生产者和（或）经销者的名称、地址和联系方式、生产日期和保质期、贮存条件、食品生产许可证编号、产品标准代号及其他需要标示的内容。

非直接提供给消费者的预包装食品标签标示应包括食品名称、规格、净含量、生产日期、保质期和贮存条件，其他内容如未在标签上标注，则应在说明书或合同中注明。

延伸阅读

GB 7718—2011《食品安全国家标准　预包装食品标签通则》，适用于直接提供给消费者的预包装食品标签和非直接提供给消费者的预包装食品标签，不适用于为预包装食品在储藏运输过程中提供保护的食品储运包装标签、散装食品和现制现售食品的标识。该标准4.1规定了直接向消费者提供的预包装食品标签标示内容，4.2则规定了非直接提供给消费者的预包装食品标签标示内容。

2015年4月24日，中华人民共和国主席令第二十一号发布《中华人民共和国食品安全法》，第六十七条规定：预包装食品的包装上应当有标签。标签应当标明下列事项：（1）名称、规格、净含量、生产日期；（2）成分或者配料表；（3）生产者的名称、地址、联系方式；（4）保质期；（5）产品标准代号；（6）贮存条件；（7）所使用的食品添加剂在国家标准中的通用名称；（8）生产许可证编号；（9）法律、法规或者食品安全标准规定应当标明的其他事项。专供婴幼儿和其他特定人群的主辅食品，其标签还应当标明主要营养成分及其含量。食品安全国家标准对标签标注事项另有规定的，从其规定。

2. 如何理解“直接提供给消费者的预包装食品”和“非直接提供给消费者的预包装食品”？

依据GB 7718—2011《食品安全国家标准　预包装食品标签通则》问答（修订版），直接提供给消费者的预包装食品的情形，有以下两种：

一是生产者直接或通过食品经营者（包括餐饮服务）提供给消费者的预包装食品；二是既提供给消费者，也提供给其他食品生产者的预包装食品。进口商经营的此类进口预包装食品也应按照上述规定执行。

非直接提供给消费者的预包装食品的情形，有以下两种：一是生产者提供给其他食品生产者的预包装食品；二是生产者提供给餐饮业作为原料、辅料使用的预包装食品。进口商经营的此类进口预包装食品也应按照上述规定执行。

延伸阅读

GB 7718—2011《食品安全国家标准　预包装食品标签通则》问答（修订版）中，有关于直接提供给消费者的预包装食品和非直接提供给消费者的预包装食品的相关介绍。直接提供给消费者的预包装食品，例如碳酸饮料，可以直接售卖或通过食品经营者（包括餐饮服务）提供给消费者；也可以既提供给消费者，也可以提供给其他食品生产者（食品商贩）。非直接提供给消费者的预包装食品，例如部分食用油，可以提供给其他食品生产者（方便面的生产者），或者提供给餐饮业作为原料、辅料使用。此外，进口商经营的进口预包装食品也应按照上述相应规定执行。

3. 预包装食品标签通则中文字的标示要求有哪些?

GB 7718—2011《食品安全国家标准　预包装食品标签通则》中对预包装食品标签文字的标示要求：应使用规范的汉字（商标除外）。具有装饰作用的各种艺术字，应书写正确，易于辨认。可以同时使用拼音或少数民族文字，拼音不得大于相应汉字。可以同时使用外文，但应与中文有对应关系（商标、进口食品的制造者和地址、国外经销商的名称和地址、网址除外）。所有外文不得大于相应的汉字（商标除外）。

延伸阅读

GB 7718—2011《食品安全国家标准　预包装食品标签通则》问答（修订版）对文字也有明确规定：本标准规定食品标签使用规范的汉字，但不包括商标。"规范的汉字"是指《通用规范汉字表》中的汉字，不包括繁体字。食品标签可以在使用规范汉字的同时，使用相应的繁体字。"具有装饰作用的各种艺术字"包括篆书、隶书、草书、手书体字、美术字、变体字、古文字等。使用这些艺术字时应书写正确、易于辨认、不易混淆。预包装食品标签可同时使用外文，但所用外文字号不得大于相应的汉字字号。

对于本标准以及其他法律、法规、食品安全标准要求的强制标示内容，中文、外文应有对应关系。进口预包装食品的食品标签可以同时使用中文和外文，也可以同时使用繁体字。GB 7718—2011《食品安全国家标准　预包装食品标签通则》中强制要求标示的内容应全部标示，推荐标示的内容可以选择标示。进口预包装食品同时使用中文与外文时，其外文应与中文强制标识内容和选择标示的内容有对应关系，即中文与外文含义应基本一致，外文字号不得大于相应中文汉字字号。对于特殊包装形状的进口食品，在同一展示面上，中文字体高度不得小于外文对应内容的字体高度。

4. 预包装食品标签通则中食品名称的标示要求有哪些?

依据GB 7718—2011《食品安全国家标准 预包装食品标签通则》，应在食品标签的醒目位置，清晰地标示反映食品真实属性的专用名称。

当国家标准、行业标准或地方标准中已规定了某食品的一个或几个名称时，应选用其中的一个或等效的名称。无国家标准、行业标准或地方标准规定的名称时，应使用不使消费者误解或混淆的常用名称或通俗名称。

延伸阅读

依据GB 7718—2011《食品安全国家标准 预包装食品标签通则》的规定：标示“新创名称”“奇特名称”“音译名称”“牌号名称”“地区俚语名称”或“商标名称”时，应在所示名称的同一展示版面清晰地标示反映食品真实属性的专用名称。

当“新创名称”“奇特名称”“音译名称”“牌号名称”“地区俚语名称”或“商标名称”含有易使人误解食品属性的文字或术语（词语）时，应在所示名称的同一展示版面邻近部位使用同一字号标示食品真实属性的专用名称。

当食品真实属性的专用名称因字号或字体颜色不同易使人误解食品属性时，也应使用同一字号及同一字体颜色标示食品真实属性的专用名称。

为不使消费者误解或混淆食品的真实属性、物理状态或制作方法，可以在食品名称前或食品名称后附加相应的词或短语。如干燥的、浓缩的、复原的、熏制的、油炸的、粉末的、粒状的等。

5. 普通预包装食品名称中是否可以使用营养素命名？

可以，现以维生素D和维生素D_3（胆钙化醇）的固体饮料产品举例。GB 14880—2012《食品安全国家标准　食品营养强化剂使用标准》中，维生素D_3是营养强化剂维生素D允许使用的化合物来源。

因此产品名称命名为维生素D_3固体饮料是以化合物来源命名的，命名为维生素D固体饮料则是以强化的维生素来命名的，二者都是合规的。

如果普通预包装食品名称使用营养素（维生素D）命名，那么该产品中维生素D的含量应符合GB 28050—2011《食品安全国家标准　预包装食品营养标签通则》中维生素的最低含量声称要求，即每100g中维生素D的含量≥15%NRV，每100mL中维生素D的含量≥7.5%NRV，或每420kJ中维生素D的含量≥5%NRV。

延伸阅读

GB 28050—2011《食品安全国家标准　预包装食品营养标签通则》实施指南明确，该标准要求营养声称、营养成分功能声称可以在标签的任意位置，包括营养成分表下方、上方、侧面或标签中的其他任意位置，还可以与产品名称标在一起，如“高钙饼干”“富含维生素D燕麦片”等。

在标签上标示营养素名称如“维生素D_3”，无论是否标示“含”“有”等词，均属于含量声称，必须符合含量声称的条件。

上述声称可在标签上的任意位置，但对其字号应有要求，不能因为过度强调声称，而掩盖食品的本来特性。因此标准要求其字号不得大于食品名称和商标。

6. 预包装食品标签通则中净含量和规格的标示要求有哪些?

依据GB 7718—2011《食品安全国家标准　预包装食品标签通则》的规定:

净含量的标示应由净含量、数字和法定计量单位组成。应依据法定计量单位,按以下形式标示包装物(容器)中食品的净含量:

(1)液态食品,用体积升(L)(l)、毫升(mL)(ml),或用质量克(g)、千克(kg)标示。

(2)固态食品,用质量克(g)、千克(kg)标示。

(3)半固态或黏性食品,用质量克(g)、千克(kg)或体积升(L)(l)、毫升(mL)(ml)标示。

净含量字符的计量单位及最小高度符合GB 7718—2011《食品安全国家标准　预包装食品标签通则》表2和表3的规定。

表2　净含量计量单位的标示方式

计量方式	净含量(*Q*)的范围	计量单位
体积	$Q<1000$mL $Q\geq1000$mL	毫升(mL)(ml) 升(L)(l)
质量	$Q<1000$g $Q\geq1000$g	克(g) 千克(kg)

表3　净含量字符的最小高度

净含量(*Q*)的范围	字符的最小高度/mm
$Q\leq50$mL;$Q\leq50$g;	2
50mL$<Q\leq200$mL;50g$<Q\leq200$g	3
200mL$<Q\leq1$L;200g$<Q\leq1$kg	4
$Q>1$L;$Q>1$kg	6

延伸阅读

净含量应与食品名称在包装物或容器的同一展示版面标示。

容器中含有固、液两相物质的食品，且固相物质为主要食品配料时，除标示净含量外，还应以质量或质量分数的形式标示沥干物（固形物）的含量。

7. 预包装食品标签通则的配料表中应包含哪些内容?

依据GB 7718—2011《食品安全国家标准　预包装食品标签通则》条款2.3和4.1.3及4.1.4的规定：预包装食品标签的配料表中应包含在制造或加工食品时使用的，并存在（包括以改性的形式存在）于产品中的任何物质（包括食品添加剂），以及在满足配料的定量标示要求时应标示的所强调配料或成分的添加量或在成品中的含量。

另外，如果配料中存在致敏物质，宜在配料表中使用易辨识的名称，或在配料表邻近位置加以提示。

延伸阅读

2019年12月31日，国家卫生健康委员会发布的《食品安全国家标准　预包装食品标签通则》（征求意见稿）将现行标准中的致敏物质提示修改为强制性标示内容，并在附录E中明确了标示形式。

附录E中列明了需要强制标示致敏物质提示信息的配料类别，包括含有麸质的谷物及其制品（如小麦、黑麦、大麦、燕麦、斯佩耳特小麦或它们的杂交品系）；甲壳纲类动物及其制品（如虾、龙虾、蟹等）；鱼类及其制品；蛋类及其制品；花生及其制品；大豆及其制品；乳及乳制品（包括乳糖）；坚果及其果仁类制品。

致敏物质提示信息应突出标示，可以在配料表中使用易辨识的名称和标示方式（包括但不限于字体加粗、下划线等突出标示方式）进行提示；或者在配料表邻近位置专门标示提示信息，可同时使用“食物致敏原提示”“致敏物质提示”“过敏原信息”等引导词加以明示。

8. 预包装食品标签通则的配料表中复合配料的标示要求有哪些？

GB 7718—2011《食品安全国家标准　预包装食品标签通则》中规定：如果某种配料是由两种或两种以上的其他配料构成的复合配料（不包括复合食品添加剂），应在配料表中标示复合配料的名称，随后将复合配料的原始配料在括号内按加入量的递减顺序标示。当某种复合配料已有国家标准、行业标准或地方标准，且加入量小于食品总量的25%时，不需要标示复合配料的原始配料。

延伸阅读

GB 7718—2011《食品安全国家标准　预包装食品标签通则》问答（修订版）中将复合配料在预包装食品配料表中的标示分为以下两种情况：

（1）如果直接加入食品中的复合配料已有国家标准、行业标准或地方标准，并且其加入量小于食品总量的25%，则不需要标示复合配料的原始配料。加入量小于食品总量25%的复合配料中含有的食品添加剂，若符合GB 2760—2014《食品安全国家标准　食品添加剂使用标准》规定的带入原则且在最终产品中不起工艺作用的，不需要标示，但复合配料中在终产品起工艺作用的食品添加剂应当标示。推荐的标示方式为：在复合配料名称后加括号，并在括号内标示该食品添加剂的通用名称，如“酱油（含焦糖色）”。

（2）如果直接加入食品中的复合配料没有国家标准、行业标准或地方标准，或者该复合配料已有国家标准、行业标准或地方标准且加入量大于食品总量的25%，则应在配料表中标示复合配料的名称，并在其后加括号，按加入量的递减顺序一一标示复合配料的原始配料，其中加入量不超过食品总量2%的配料可以不按递减顺序排列。

9. 执行企业标准的复合配料，添加量小于25%时，是否需要展开标示？

依据GB 7718—2011《食品安全国家标准　预包装食品标签通则》4.1.3.1.3的要求：当某种复合配料已有国家标准、行业标准或地方标准，且其加入量小于食品总量的25%时，不需要标示复合配料的原始配料。如果属于这种情况，则不需要展开标示。如果没有国家标准、行业标准或地方标准，仅有企业标准，那么需要展开标示。

延伸阅读

《中华人民共和国食品安全法》，第三十条、第三十一条对企业标准有如下要求：

（1）国家鼓励食品生产企业制定严于食品安全国家标准或者地方标准的企业标准，在本企业适用，并报省、自治区、直辖市人民政府卫生行政部门备案。

（2）省级以上人民政府卫生行政部门应当在其网站上公布制定和备案的食品安全国家标准、地方标准和企业标准，供公众免费查阅、下载。对食品安全标准执行过程中的问题，县级以上人民政府行政部门应当会同有关部门及时给予指导、解答。

2019年10月11日中华人民共和国国务院令第721号公布《中华人民共和国食品安全法实施条例》，第七十四条对不符合企业标准的处罚情况也有相关规定：食品生产经营者生产经营的食品符合食品安全标准但不符合食品所标注的企业标准规定的食品安全指标的，由县级以上人民政府食品安全监督管理部门给予警告，并责令食品经营者停止经营该食品，责令食品生产企业改正；拒不停止经营或者改正的，没收不符合企业标准规定的食品安全指标的食品，货值金额不足1万元的，并处1万元以上5万元以下罚款，货值金额1万元以上的，并处货值金额5倍以上10倍以下罚款。

10. 预包装食品标签通则的配料表中食品添加剂的标示要求有哪些？

依据GB 7718—2011《食品安全国家标准　预包装食品标签通则》4.1.3.1.4的要求，食品添加剂应当标示其在GB 2760—2014《食品安全国家标准　食品添加剂使用标准》中食品添加剂通用名称。食品添加剂通用名称可以标示为食品添加剂的具体名称，也可以标示为食品添加剂的功能类别名称并同时标示食品添加剂的具体名称或国际编码（INS号）。在同一预包装食品的标签上，应选择GB 7718—2011附录B中的一种形式标示食品添加剂。当采用同时标示食品添加剂的功能类别名称和国际编码的形式时，若某种食品添加剂尚不存在相应的国际编码，或因致敏物质标示需要，可以标示其具体名称。食品添加剂的名称不包括其制法。加入量小于食品总量25%的复合配料中含有的食品添加剂，若符合GB 2760—2014规定的带入原则且在最终产品中不起工艺作用的，不需要标示。

延伸阅读

依据GB 2760—2014《食品安全国家标准　食品添加剂使用标准》带入原则的规定：3.4.1在下列情况下食品添加剂可以通过食品配料（含食品添加剂）带入食品中：（1）依据本标准，食品配料中允许使用该食品添加剂；（2）食品配料中该添加剂的用量不应超过允许的最大使用量；（3）应在正常生产工艺条件下使用这些配料，并且食品中该添加剂的含量不应超过由配料带入的水平；（4）由配料带入食品中的该添加剂的含量应明显低于直接将其添加到该食品中通常所需要的水平。3.4.2当某食品配料作为特定终产品的原料时，批准用于上述特定终产品的添加剂允许添加到这些食品配料中，同时该添加剂在终产品中的量应符合本标准的要求。在所述特定食品配料的标签上应明确标示该食品配料用于上述特定食品的生产。

此外，复配食品添加剂应在食品配料表中一一标示在终产品中具有功能作用的每种食品添加剂。

11. 预包装食品标签通则的配料表中营养强化剂的标示要求有哪些？

预包装食品标签配料表中关于营养强化剂应当标示GB 14880—2012《食品安全国家标准　食品营养强化剂使用标准》或食品营养强化剂增补公告中的名称，可以标示化合物来源名称、营养素名称和化合物来源名称。如某食品强化了维生素E，所使用的是化合物来源中的d-α-生育酚，在配料表中可标示为："维生素E""d-α-生育酚""维生素E（d-α-生育酚）"或者"d-α-生育酚（维生素E）"。在同一预包装食品的标签上，应仅选择上述标示方法中的一种形式标示营养强化剂。同一产品若同时使用了多种营养强化剂，建议统一各营养强化剂的标示方式。

延伸阅读

既可以作为食品添加剂又可作为食品营养强化剂的配料，应按其在终产品中发挥的作用标示：如"柠檬酸钾"，作为食品添加剂起酸度调节剂功能时，可以标示为"柠檬酸钾""酸度调节剂（柠檬酸钾）""酸度调节剂（332ii）"等；作为食品营养强化剂用于强化钾时，可以标示为"柠檬酸钾""钾""钾（柠檬酸钾）"等。

GB 14880—2012《食品安全国家标准　食品营养强化剂使用标准》的表B.1和表C.1中，化合物来源名称后面有括号的营养强化剂，括号内外的名称视为等同，在产品标签上可以单独标示其中任何一种，也可以两者同时标示：如胆钙化醇，可以标示为胆钙化醇、维生素D_3、胆钙化醇（维生素D_3）、维生素D_3（胆钙化醇）。

对于部分既属于营养强化剂又属于新食品原料的物质，如果以营养强化为目的，其使用应符合GB 14880—2012《食品安全国家标准　食品营养强化剂使用标准》的要求；如果作为新食品原料，应符合新食品原料相关公告的规定。使用了营养强化剂的预包装食品，还应在营养成分表中标示强化后食品中该营养成分的含量值及其占营养素参考值（NRV）的百分比。

12. 预包装食品标签通则的配料表中食品工业用加工助剂的标示要求有哪些？

食品工业用加工助剂不需要标示。食品工业用加工助剂一般应在制成最终成品之前除去，无法完全除去的，应尽可能降低其残留量，其残留量不应对健康产生危害，不应在最终食品中发挥功能作用。

例如 柠檬酸可以作为食品工业用加工助剂，也可以作为食品添加剂。柠檬酸作为食品工业用加工助剂使用时，不应在最终食品中发挥酸度调节剂的功能；如在最终食品中发挥了酸度调节剂功能，则需要确认柠檬酸是否可用于该类别食品，添加量是否符合要求，并在配料表中标示柠檬酸。

延伸阅读

酶制剂的标示要求如下所示：

酶制剂是由动物或植物的可食或非可食部分直接提取，或由传统或通过基因修饰的微生物，包括但不限于细菌、放线菌、真菌菌种，发酵、提取制得，用于食品加工，具有特殊催化功能的生物制品。主要用于加速食品加工过程和提高食品产品质量。

酶制剂如果在终产品中已经失去了酶活力，则不需要标示；如果在终产品中仍然保持酶活力，应按照食品配料表标示的有关规定，按制造或加工食品时酶制剂的加入量，排列在配料表的相应位置。

例如 生产酿造食醋的液化、糖化过程中使用的酶制剂，在酿造食醋成品中已经失去酶活力，不需要标示。

13. 预包装食品标签通则的配料表中香辛料类如何标示？

依据GB 7718—2011《食品安全国家标准　预包装食品标签通则》中配料标示方式的要求，当加入量不超过2%的各种香辛料或香辛料浸出物（单一的或合计的）可以在配料表中标示为“香辛料”“香辛料类”或“复合香辛料”。

GB 7718—2011《食品安全国家标准　预包装食品标签通则》问答（修订版）中还对香辛料、香辛料类或复合香辛料在配料表中的标示进行了补充说明：

（1）如果某种香辛料或香辛料浸出物加入量超过2%，应标示其具体名称。

（2）如果香辛料或香辛料浸出物（单一的或合计的）加入量不超过2%，可以在配料表中标示各自的具体名称，也可以在配料表中统一标示为“香辛料”“香辛料类”或“复合香辛料”。

（3）复合香辛料添加量超过2%时，按照复合配料标示方式进行标示。

延伸阅读

GB 7718—2011《食品安全国家标准　预包装食品标签通则》问答（修订版）明确了复合配料的标示要求：如果直接加入食品中的复合配料没有国家标准、行业标准或地方标准，则应在配料表中标示复合配料的名称，并在其后加括号，按加入量的递减顺序一一标示复合配料的原始配料，其中加入量不超过食品总量2%的配料可以不按递减顺序排列。

由于复合香辛料没有相应的国家标准、行业标准或地方标准，如果复合香辛料的添加量超过食品总量的2%，则应在配料表中标示复合香辛料的名称，并在其后加括号，按加入量的递减顺序一一标示原始配料的名称。

14. 食品添加剂标签标示内容有哪些？

依据GB 29924—2013《食品安全国家标准　食品添加剂标识通则》，将食品添加剂标签分为“提供给生产经营者的食品添加剂标签”和“提供给消费者直接使用的食品添加剂标签”。

提供给生产经营者的食品添加剂标签应至少标示“食品添加剂”字样、食品添加剂名称、净含量（同一包装内含有多个单件食品添加剂时，大包装在标示净含量的同时还应标示规格）、生产日期、保质期、贮存条件、生产者的名称和地址以及生产许可证编号，成分或配料表，使用范围、用量和使用方法，产品标准代号，警示标识，辐照食品添加剂应按标准要求在标签或说明书中注明。

提供给消费者直接使用的食品添加剂标签除了标示上述内容外，还应注明“零售”字样。

延伸阅读

GB 29924—2013《食品安全国家标准　食品添加剂标识通则》适用于食品添加剂的标识。食品营养强化剂的标识可参照本标准使用。不适用于为食品添加剂在储藏运输过程中提供保护的储运包装标签的标识。其中，该标准3.7规定了食品添加剂标识的文字要求应符合GB 7718—2011《食品安全国家标准　预包装食品标签通则》中3.8～3.9的规定。3.8规定了多重包装的食品添加剂标签的标示形式应符合GB 7718—2011中3.10～3.11的规定。

《中华人民共和国食品安全法》对标签也有明确规定，如第七十条，食品添加剂应当有标签、说明书和包装。标签、说明书应当载明名称、规格、净含量、生产日期，成分或者配料表，生产者的名称、地址、联系方式，保质期，产品标准代号，贮存条件，生产许可证编号，法律、法规或者食品安全标准规定应当标明的其他事项，以及食品添加剂的使用范围、用量、使用方法，并在标签上载明“食品添加剂”字样。

15. 复配食品添加剂标签标示内容有哪些?

GB 26687—2011《食品安全国家标准　复配食品添加剂通则》规定复配食品添加剂产品的标签、说明书应当标明下列事项:

(1)产品名称、商品名、规格、净含量、生产日期;(2)各单一食品添加剂的通用名称、辅料的名称，进入市场销售和餐饮环节使用的复配食品添加剂还应标明各单一食品添加剂品种的含量;(3)生产者的名称、地址、联系方式;(4)保质期;(5)产品标准代号;(6)贮存条件;(7)生产许可证编号;(8)使用范围、用量、使用方法;(9)标签上载明“食品添加剂”字样，进入市场销售和餐饮环节使用复配食品添加剂应标明“零售”字样;(10)法律、法规要求应标注的其他内容。

延伸阅读

GB 26687—2011《食品安全国家标准　复配食品添加剂通则》适用于除食品用香精和胶基糖果基础剂以外的所有复配食品添加剂。

此外，该标准还规定了:进口复配食品添加剂应有中文标签、说明书，除标识上述内容外还应载明原产地以及境内代理商的名称、地址、联系方式，生产者的名称、地址、联系方式可以使用外文，可以豁免标识产品标准代号和生产许可证编号。

16. 由原料带入食品终产品中的食品添加剂，是否需要在产品标签上标注？

GB 7718—2011《食品安全国家标准　预包装食品标签通则》4.1.3.1.4规定：加入量小于食品总量25%的复合配料中含有的食品添加剂，若符合GB 2760—2014《食品安全国家标准　食品添加剂使用标准》规定的带入原则且在最终产品中不起工艺作用的，不需要标注。

若终产品中含该食品添加剂的复合配料的加入量大于食品总量的25%，或带入的食品添加剂在最终产品中起工艺作用，则应当在产品配料表中标注该食品添加剂。标示时，应在产品配料表中标示复合配料的名称，随后将复合配料的原始配料在括号内按加入量的递减顺序标示。

延伸阅读

GB 2760—2014《食品安全国家标准　食品添加剂使用标准》3.4 带入原则：

3.4.1在下列情况下食品添加剂可以通过食品配料（含食品添加剂）带入食品中：（1）依据本标准，食品配料中允许使用该食品添加剂；（2）食品配料中该添加剂的用量不应超过允许的最大使用量；（3）应在正常生产工艺条件下使用这些配料，并且食品中该添加剂的含量不应超过由配料带入的水平；（4）由配料带入食品中的该添加剂的含量应明显低于直接将其添加到该食品中通常所需要的水平。

3.4.2当某食品配料作为特定终产品的原料时，批准用于上述特定终产品的添加剂允许添加到这些食品配料中，同时该添加剂在终产品中的量应符合本标准的要求。在所述特定食品配料的标签上应明确标示该食品配料用于上述特定食品的生产。

17. 既可作为食品添加剂或食品营养强化剂，又可作为食品原料使用的物质如何标示?

既可作为食品添加剂或食品营养强化剂，又可作为食品原料使用的物质，应按其在终产品中发挥的作用规范标示。当作为食品添加剂使用时，应在配料表中标示其在GB 2760—2014《食品安全国家标准　食品添加剂使用标准》中规定的名称；当作为食品营养强化剂使用时，应在营养成分表中标示其在GB 28050—2011《食品安全国家标准　预包装食品营养标签通则》中规定的名称、含量及营养素参考值（NRV）的百分比；当其作为食品原料发挥作用时，应标示其相应的标准名称。

延伸阅读

食品添加剂可能具有一种或多种功能，GB 2760—2014《食品安全国家标准　食品添加剂使用标准》中对食品添加剂的主要功能也进行了列举，生产经营企业在选择功能类别时，应按照食品添加剂在产品中的实际功能在标签上标示GB 2760—2014中规定的功能类别名称。

18. 水在配料表中如何标示？

依据GB 7718—2011条款4.1.3.1.5，水在配料表中的标示分为两种情况：

（1）食品生产时加入了水，但在生产过程中加入的水挥发了。这种情况下，水不需要标示在配料表中。例如，饼干在制作时加入了水，但烘烤过程中水挥发了，因此不需要在配料表中标示水。

（2）食品生产时加入的水未挥发，则应将水标示在配料表中，可标示为“水”“饮用水”“生活饮用水”等。

如果企业使用饮用纯净水产品作为配料，因其是以水为主要配料的产品，可以依据产品生产的实际情况，在配料表中标示为“水”“生活饮用水”或“纯净水”等名称。

需要注意的是，配料表中的水不能标示为“纯化水”。纯化水是药典中的名称，不适用于食品。

延伸阅读

水是食品生产常用的配料，因国内外法规要求的差异，有些国家不要求配料表中标示水，因此产品在进口时，进口商等相关企业应与其生产商索要产品质量规格书等相关资料，对配料配比进行核算，避免因法规差异造成配料标示缺失。

19. 食品用香料调制成食品用香精之后加入终产品中，标签上是否可以直接标示食品用香料的具体名称？

不建议直接在标签上标示食品用香料的具体名称。GB 2760—2014《食品安全国家标准　食品添加剂使用标准》和GB 29938—2020《食品安全国家标准　食品用香料通则》中均规定，食品用香料一般配制成食品用香精后用于食品加香，部分也可直接用于食品加香。GB 2760—2014实施指南中指出：可直接用于食品加香的食品用香料品种很少。因此，直接标示香料名称有误导消费者的风险，让消费者误认为该香料是直接添加到终产品中，而非调配成香精使用的。另外，GB 7718—2011《食品安全国家标准　预包装食品标签通则》4.1.3.2明确了食品用香精的标示方法。综上所述，香料调制成香精后建议标示为食用香精。

延伸阅读

GB 29938—2020《食品安全国家标准　食品用香料通则》指出：食品用香料为添加到食品产品中以产生香味、修饰香味或提高香味的物质。食品用香料包括食用天然香味物质、食用天然香味复合物、食品用合成香料、食品用热加工香料、烟熏食用香味料，一般配制成食品用香精后用于食品加香，部分也可直接用于食品加香。

GB 30616—2020《食品安全国家标准　食品用香精》规定：食品用香精是由食品用香料与食品用香精辅料组成的用来起香味作用的浓缩调配混合物（只产生咸味、甜味或酸味的配制品除外，也不包括增味剂）。食品用香精可以含有或不含食品用香精辅料。通常不直接用于消费，而是用于食品加工。

20. 添加蜂蜜时是否可以宣传蜂蜜产地？

依据食品安全国家标准评审委员会秘书处编著的《食品安全国家标准常见问题解答》，GB 7718—2011《食品安全国家标准　预包装食品标签通则》3.6条款，若要宣称添加了蜂蜜，建议在配料表中使用“蜂蜜”这一标准名称；若要在标签上强调添加了某品种或产地的蜂蜜，建议在除配料表之外的其他信息版面宣传，并且进行定量标示。但如宣传“UMF10+”（代表麦卢卡蜂蜜的等级，数值越高代表其杀菌能力越强）等并非大众所熟知的概念，依据相关法规要求，普通食品在标签上不应出现任何与医疗保健功能相关的信息，因此不应在标签上标示。

延伸阅读

GB 7718—2011《食品安全国家标准　预包装食品标签通则》中要求如果在食品标签或食品说明书上特别强调添加了或含有一种或多种有价值、有特性的配料或成分应当进行定量标示。因此，若要宣称添加了蜂蜜，应当进行相应的定量标示，并且该标准中还要求标签上的内容应当通俗易懂，不应标注或者暗示具有预防、治疗疾病作用的内容，非保健食品不得明示或者暗示具有保健作用。

综上，“UMF10+”这类涉嫌暗示医疗保健功能相关的词汇，不应进行标示。

21. 销售单元包含若干可独立销售的预包装食品标签标示要求有哪些？

依据GB 7718—2011《食品安全国家标准　预包装食品标签通则》的规定：直接向消费者提供的预包装食品中，当同一预包装内含有多个标示了生产日期及保质期的单件预包装食品时，外包装上标示的保质期应按最早到期的单件食品的保质期计算。外包装上标示的生产日期应为最早生产的单件食品的生产日期，或外包装形成销售单元的日期；也可在外包装上分别标示各单件装食品的生产日期和保质期。非直接提供给消费者的预包装食品标签标示应包括食品名称、规格、净含量、生产日期、保质期和贮存条件，其他内容如未在标签上标注，则应在说明书或合同中注明。GB 7718—2011《食品安全国家标准　预包装食品标签通则》问答（修订版）的规定，该销售单元内的独立包装食品应分别标示强制标示内容。外包装（或大包装）的标签标示分为两种情况：

（1）外包装（或大包装）上同时按照本标准要求标示。如果该销售单元内的多件食品为不同品种时，应在外包装上标示每个品种食品的所有强制标示内容，可将共有信息统一标示。

（2）若外包装（或大包装）易于开启识别或透过外包装（或大包装）能清晰识别内包装物（或容器）的所有或部分强制标示内容，可不在外包装（或大包装）上重复标示相应的内容。

延伸阅读

销售单元包含若干标示了生产日期及保质期的独立包装食品时，外包装上的生产日期和保质期可以选择以下3种方式之一标示：（1）生产日期标示最早生产的单件食品的生产日期，保质期按最早到期的单件食品的保质期标示；（2）生产日期标示外包装形成销售单元的日期，保质期按最早到期的单件食品的保质期标示；（3）在外包装上分别标示各单件食品的生产日期和保质期。

22. 产品标签无生产日期，仅有最佳食用日期，应如何补救？

依据GB 7718—2011《食品安全国家标准　预包装食品标签通则》的要求，生产日期和保质期是不能单独加贴补印的，因此建议厂家以整个不干胶的形式加贴一个完整的标签，标示正确且合规的标签信息，且标签信息中包括产品的生产日期和保质期。同时依据食品安全国家标准评审委员会秘书处编著的《食品安全国家标准常见问题解答》中的回复，最佳食用日期为保质期的最后一天。因此，标签上的"保质期至"和"最佳食用日期"应当保持统一。

延伸阅读

GB 7718—2011《食品安全国家标准　预包装食品标签通则》中4.1.7.1规定了日期标示不得另外加贴、补印或篡改。在GB 7718—2011《食品安全国家标准　预包装食品标签通则》问答（修订版）中对此进行了解读，"日期标示不得另外加贴、补印或篡改"是指在已有的标签上通过加贴、补印等手段单独对日期进行篡改的行为。如果整个食品标签以不干胶形式制作，包括"生产日期"或"保质期"等日期内容，整个不干胶加贴在食品包装上符合本标准规定。因此，若要补救标签上保质期、生产日期等信息时，建议将整个标签使用不干胶形式整个加贴覆盖，避免监管机构的质疑。

对于进口预包装食品，有些企业可能会使用"最佳食用日期"作为保质期，在GB 7718—2011《食品安全国家标准　预包装食品标签通则》附录C.4，保质期的标示参考中，也有"此日期前最佳……"等类似表述，但是需要注意此处的含义为保质期的最后一天，在此之后产品将被视为过期食品，不得进行销售。

23. 保健食品标签如何标示？

依据1996年7月18日原卫生部发布的《保健食品标识规定》、2017年11月8日原国家食品药品监督管理总局发布的《保健食品标签标识检查要点》以及2019年6月10日国家市场监督管理总局发布的《保健食品标注警示用语指南》，保健食品应标示保健食品名称、保健食品标志、保健食品批准文号、净含量、原料及辅料、功效成分或标志性成分及含量、保健功能、适宜人群及不适宜人群、食用量及食用方法、生产日期、保质期、贮藏方法、执行标准、保健食品生产企业名称及地址、食品生产许可证编号、注意事项、警示用语、投诉服务电话及服务时段等内容。

延伸阅读

对于保健食品标志，依据《保健食品标识规定》及《保健食品标签标识检查要点》应做到以下内容：（1）保健食品标志与保健食品批准文号应并排或上下排列标于保健食品主要展示版面的左上方；（2）保健食品批准文号分为上下两行，上行为保健食品批准文号，下行为批准机构，原则上以该保健食品最新有效批件的批准机构为准；（3）当“主要展示版面”的表面积大于100平方厘米时，保健食品标志最宽处的宽度不得小于2厘米；（4）保健食品名称应标于最小销售包装的“主要展示版面”的明显位置，应端正、清晰、醒目，并大于其他内容的文字；（5）“不适宜人群”字体应略大于“适宜人群”的内容。

依据《保健食品标注警示用语指南》，按年、月、日的顺序标注日期。日期中年、月、日可用空格、斜线、连字符、句点等符号分隔，或者不用分隔符。年代号应当使用4位数字标注，月、日应当分别使用2位数字标注；保质期的标注使用“保质期至XXXX年XX月XX日”的方式描述保健食品标签应在最小销售单元的主要展示版面标示“保健食品不是药物，不能代替药物治疗疾病。”，所占面积不应小于其所在面的20%，警示用语区内文字与警示用语区背景有明显色差，并使用黑体字印刷。

24. 果蔬汁类及其饮料产品标签应当如何标示？

依据《中华人民共和国食品安全法》、GB 7718—2011《食品安全国家标准 预包装食品标签通则》等法规及标准，预包装果蔬汁及其饮料标签中应当标示食品名称、规格、净含量、生产日期，成分或者配料表，生产者的名称、地址、联系方式，保质期，产品标准代号，贮存条件，所使用的食品添加剂在国家标准中的通用名称，生产许可证编号，法律、法规或者食品安全标准等应当标明的其他事项。

除上述要求外，GB/T 31121—2014《果蔬汁类及其饮料》规定了果蔬汁类及其饮料还应符合下列要求：

（1）加糖（包括食糖和淀粉糖）的果蔬汁（浆）产品，应在产品名称［如XX果汁（浆）］的邻近部位清晰地标明“加糖”字样。

（2）果蔬汁（浆）类饮料产品，应显著标明（原）果汁（浆）总含量或（原）蔬菜汁（浆）总含量，标示位置应在“营养成分表”附近位置或与产品名称在包装物或容器的同一展示版面。

（3）果蔬汁（浆）的标示规定：只有符合“声称100%”要求的产品才可以在标签的任意部位标示“100%”，否则只能在“营养成分表”附近位置标示“果蔬汁含量：100%”。

（4）若产品中添加了纤维、囊胞、果粒、蔬菜粒等，应将所含（原）果蔬汁（浆）及添加物的总含量合并标示，并在后面以括号形式标示其中添加物（纤维、囊胞、果粒、蔬菜粒等）的添加量。例如某果汁饮料的果汁含量为10%，添加果粒5%，应标示为：果汁总含量为15%（其中果粒添加量为5%）。

延伸阅读

果蔬汁（浆）类饮料是以果蔬汁（浆）、浓缩果蔬汁（浆）、水为原料，添加或不添加其他食品原辅料和（或）食品添加剂，经加工制成的制品。可以通过食品名称及配料表的标签标示内容，确定相应果蔬汁类别及其饮料产品的具体类别。

25. 冷冻保存销售的果汁产品生产日期及保质期应如何标示？

GB 7718—2011《食品安全国家标准　预包装食品标签通则》规定的“生产日期”是指预包装食品形成最终销售单元的日期。因此生产日期应当为果汁生产装瓶后，进入冷冻保存前的日期。对于最终产品上保质期的标示，应当依据标示的贮藏条件标示保质期，例如：售卖给下级经销商时为冷冻状态，那保质期为冷冻状态下的保质期。对于冷藏的保质期应当在食用方法处清晰标示解冻后保质期，且应标示冷藏后不可再次冷冻等信息，以保证产品质量。

延伸阅读

依据GB 7718—2011《食品安全国家标准　预包装食品标签通则》的要求：

食品标签上应清晰标示预包装食品的生产日期和保质期。其中“生产日期”是指预包装食品形成最终销售单元的日期；“保质期”是指预包装食品在标签指明的贮存条件下，保持品质的期限。在此期限内，产品完全适于销售，并保持标签中不必说明或已经说明的特有品质。

因此产品包装上的生产日期和保质期应当依据产品包装后的最终状态进行标示。对于冷藏状态的保质期可以以温馨提示的形式进行标示，且务必写清冷藏后不可再次冷冻，避免对下级供应商及消费者造成误导，出现反复解冻冷冻的情况，从而影响产品质量或出现食品安全问题。

26. 预包装食品标签通则中关于代理商的名称、地址和联系方式的标示要求有哪些？

依据GB 7718—2011《食品安全国家标准　预包装食品标签通则》中4.1.6.1规定：

预包装食品标签应当标注生产者的名称、地址和联系方式。生产者名称和地址应当是依法登记注册、能够承担产品安全质量责任的生产者的名称、地址。4.1.6.2依法承担法律责任的生产者或经销者的联系方式应标示以下至少一项内容：电话、传真、网络联系方式等，或与地址一并标示的邮政地址。4.1.6.3进口预包装食品应标示原产国国名或地区区名（如香港、澳门、台湾），以及在中国依法登记注册的代理商、进口商或经销者的名称、地址和联系方式，可不标示生产者的名称、地址和联系方式。

延伸阅读

GB 7718—2011《食品安全国家标准　预包装食品标签通则》问答（修订版）规定：原有外文的生产者的名称地址等不需要翻译成中文。进口预包装食品的原产国国名或地区区名，是指食品成为最终产品的国家或地区名称，包括包装（或灌装）国家或地区名称。进口预包装食品中文标签应当如实准确标示原产国国名或地区区名。

此外，《中华人民共和国食品安全法》第九十七条规定：进口的预包装食品、食品添加剂应当有中文标签；依法应当有说明书的，还应当有中文说明书。标签、说明书应当符合本法以及我国其他有关法律、行政法规的规定和食品安全国家标准的要求，并载明食品的原产地以及境内代理商的名称、地址、联系方式。预包装食品没有中文标签、中文说明书或者标签、说明书不符合本条规定的，不得进口。

27. 预包装食品对质量（品质）等级有哪些要求?

依据GB 7718—2011《食品安全国家标准　预包装食品标签通则》，食品所执行的相应产品标准已明确规定质量（品质）等级的，应标示质量（品质）等级。

进口的预包装食品不强制标示质量（品质）等级。如果标示了质量（品质）等级，应确保真实、准确。

延伸阅读

“相应产品标准”包括食品安全国家标准、食品安全地方标准、食品安全企业标准或其他相关国家标准、行业标准、地方标准等。

如玉米淀粉的标签上注明了产品标准号为GB/T 8885，该标准为国家推荐性标准《食用玉米淀粉》，其中规定了食用玉米淀粉的等级有“优级品”“一级品”和“二级品”，则还需依据标准的规定标示相应的等级。

工艺描述、产品类别等不属于质量等级，如“初榨橄榄油”。标签上所标示的标准中未规定产品的等级，不需要标示质量（品质）等级。

28. 食品包装上的可回收标志是否强制标示？

目前，仅有环境标志产品、绿色食品需要标示回收标志，其他产品自愿标示。我国没有强制性的包装回收标志标准，而是执行推荐性国家标准GB/T 18455—2022《包装回收标志》，该标准已于2023年2月1日实施，规定了包装回收标志的类型、基本图形和标注要求，适用于可回收利用的纸、塑料、金属、玻璃及复合材料等包装容器、包装制品或包装组件的设计、生产、贸易和回收活动。但对于环境标志产品、绿色食品，因其执行标准的要求，必须标示包装回收标志。

延伸阅读

环境标志产品认证是依据环境标志产品标准和技术要求，经认证机构确认并通过颁发认证证书和环境标志，证明某一产品符合相应标准和环境保护要求的活动。HJ 209—2017《环境标志产品技术要求　塑料包装制品》规定了塑料包装制品类环境标志产品的要求。该标准第53条规定：产品标识应符合GB/T 16288的要求。虽然GB/T 16288—2008《塑料制品的标志》是推荐性标准，但HJ 209—2017《环境标志产品技术要求　塑料包装制品》要求的关于塑料包装制品的标识要求应强制执行。因此，执行HJ 209—2017《环境标志产品技术要求　塑料包装制品》要求的产品，应强制标示回收标志。

按照《绿色食品标志管理办法》的规定：申请使用绿色食品标志的食品应具备的条件之一是：包装贮运符合绿色食品包装贮运标准。以NY/T 752—2020《绿色食品　蜂产品》为例，该标准第7.1条规定：包装应符合NY/T 658的规定。NY/T 658—2015《绿色食品　包装通用准则》第8.3条规定：绿色食品包装上应有包装回收标志，包装回收标志应符合GB/T 18455的规定。也就是说，绿色食品应强制性标示包装回收标志，具体依据材料的不同执行GB/T 18455—2022《包装回收标志》的要求。

29. 饮料瓶盖上面的宣称是否可以不进行中英文对应?

依据GB 7718—2011《食品安全国家标准　预包装食品标签通则》问答（修订版）规定：

预包装食品标签可同时使用外文，但所用外文字号不得大于相应的汉字字号。对于本标准以及其他法律、法规、食品安全标准要求的强制标示内容，中文、外文应有对应的关系。且依据2009年10月22日原国家质量监督检疫总局发布的《食品标识管理规定》（总局2009年第123号令）第二十四条：食品标识可以同时使用汉语拼音或者少数民族文字，也可以同时使用外文，但应当与中文有对应关系，所用外文不得大于相应的中文，但注册商标除外。因此，建议保留瓶盖上的中文标识，避免销售时受到消费者及监管机构的质疑。

延伸阅读

虽然GB 7718—2011《预包装食品标签通则》问答（修订版）仅要求了强制性内容应当有相应的中文对应，但《食品标识管理规定》中也有外文应当标示相应中文的规定，且并未限制仅“强制性”标示内容需要。同时经查询，也有因瓶盖上标示了英文广告语，但没有相应的中文而被投诉的案例，因此建议在企业实操时保证标签上所有的外文应有相应的中文翻译，且外文字号不大于相应中文。

30. 在国内未经过注册的外文商标，是否可以不加中文翻译？

不可以。GB 7718—2011《食品安全国家标准　预包装食品标签通则》要求标签上使用的外文应当有对应的中文翻译，且所有外文不得大于相应的汉字。在国内，未经过注册的外文商标，不能作为商标进行管理，应当在商标邻近位置标示相应的中文翻译。若外文商标在中国已经获得注册，依据《中华人民共和国商标法实施条例》的要求，可以标示“注册商标”或注册标记。

延伸阅读

GB 7718—2011《食品安全国家标准　预包装食品标签通则》中要求食品标签可以同时使用外文，但应与中文有对应关系（商标、进口食品的制造者和地址、国外经销者的名称和地址、网址除外）。所有外文不得大于相应的汉字（商标除外）。此处的商标应当为在中国获得注册的商标，若未在中国获得注册，不管是以规范的英文，还是以艺术字、相关图形等形式作为外文商标，都应当视为外文，都需要增加相应的中文翻译，避免消费者误解。

31. 预包装食品标签通则中可以豁免标示的情形有哪些？

预包装食品标签可以豁免标示的情形包括特定条件下豁免标示保质期、营养标签等。GB 7718—2011《食品安全国家标准　预包装食品标签通则》4.3规定：下列预包装食品可以免除标示保质期：酒精度大于等于10%（vol）的饮料酒；食醋；食用盐；固态食糖类；味精。当预包装食品包装物或包装容器的最大表面面积小于$10cm^2$时，可以只标示产品名称、净含量、生产者（或经销商）的名称和地址。

GB 28050—2011《食品安全国家标准　预包装食品营养标签通则》规定：下列预包装食品豁免强制标示营养标签：（1）生鲜食品，如包装的生肉、生鱼、生蔬菜和水果、禽蛋等；（2）乙醇含量≥0.5%（vol）的饮料酒类；（3）包装总表面积≤$100cm^2$或最大表面面积≤$20cm^2$的食品；（4）现制现售的食品；（5）包装的饮用水；（6）每日食用量≤10g或10mL的预包装食品；（7）其他法律法规标准规定可以不标示营养标签的预包装食品。

豁免强制标示营养标签的预包装食品，如果在其包装上出现任何营养信息时，应按照本标准执行。

延伸阅读

GB 7718—2011《食品安全国家标准　预包装食品标签通则》问答（修订版）中对豁免条款中的“固体食糖”做了进一步解释，包括白砂糖、绵白糖、红糖和冰糖等，不包括糖果。两种豁免情形分别考虑了食品本身的特性和在小标签上标示大量内容存在困难。豁免意味着不强制要求标示，企业可以选择是否标示。

GB 28050—2011《食品安全国家标准　预包装食品营养标签通则》问答（修订版）中规定了某些预包装食品符合预包装食品营养标签的豁免条件但必须强制标示营养标签的特殊情形，如进行了营养声称等。

32. 产品标签中涉及配料的定量标示时，是否可以标示范围值？

可以。依据GB 7718—2011《食品安全国家标准　预包装食品标签通则》条款4.1.4.1规定：如果在食品标签或食品说明书上特别强调添加了或含有一种或多种有价值、有特性的配料或成分，应标示所强调配料或成分的添加量或在成品中的含量。标准要求配料或成分特别强调时应定量标示，但未说明定量标示的具体方式，依据近年实施经验，范围值也是允许的。

2019年12月31日，国家卫生健康委员会发布的GB 7718《食品安全国家标准 预包装食品标签通则》（征求意见稿）（2019版）在修订过程中提到，为避免对消费者的误导，最大限度的规范通过语言、图形、符号等对部分产品配料特性的强调，征求意见稿以附录的形式，列明了定量标示的具体方式，其中就包含范围值的标示要求。

延伸阅读

GB 7718—2011《食品安全国家标准　预包装食品标签通则》实施指南中，对该条款进行了解释说明：当特别强调某种预包装食品“含有”某种配料或成分时，需要进行定量标示，应同时满足两个条件：

（1）“特别强调”，即食品生产者通过对配料或成分的宣传引起消费者对该产品、配料或成分的重视，以文字的形式在配料表内容之外的标签上突出或暗示添加或含有一种或多种配料或成分。

（2）“有价值，有特性”，即暗示所强调的配料或成分对人体有益的程度超出该食品一般情况所应当达到的程度，并且配料或成分具有不同于该食品的一般配料或成分的属性，是相对特殊的配料。

当满足“特别强调”的前提下，只要具备“有价值，有特性”中的一点就应当进行定量标示。

对于被特别强调的营养成分或营养成分的来源，可以选择标示产品中该营养成分的含量，也可以标示对应配料的添加量。营养成分的标示还应符合其他相关标准的要求。

33. 标签标示转基因大豆油是否算特别强调？是否需要定量标示？

如果仅在配料表中标示“转基因大豆油”，不算特别强调，不需要定量标示，但应标示为标准名称“大豆油”；如果在标签其他部位标示“转基因大豆油”，存在对转基因大豆油的特别强调的可能，建议定量标示。

延伸阅读

GB 7718—2011《食品安全国家标准　预包装食品标签通则》条款4.1.4.1规定：

如果在食品标签或食品说明书上特别强调添加了或含有一种或多种有价值、有特性的配料或成分，应标示所强调配料或成分的添加量或在成品中的含量。

转基因大豆的价值或特性在抗虫及耐除草剂等方面，并非对人体有益，因此不属于特别强调，不需要定量标示。但转基因大豆的功能作用并非大众熟知的内容，从规避风险的角度考虑，建议定量标示。

2002年1月5日原农业部发布《农业转基因生物标识管理办法》（农业部令第10号）列出了农业转基因生物目录并规定，凡是列入标识管理目录并用于销售的农业转基因生物，应当进行标示。其中有：大豆种子、大豆、大豆粉、大豆油、豆粕；玉米种子、玉米、玉米油、玉米粉（含税号为11022000、11031300、11042300的玉米粉）；油菜种子、油菜籽、油菜籽油、油菜籽粕；棉花种子；番茄种子、鲜番茄、番茄酱。

因大豆油列入农业转基因生物目录，因此需要按照《农业转基因生物标识管理办法》进行标示，而以转基因大豆油制成的其他食品，若最终销售产品中已不再含有或检测不出转基因成分，应标注为“本产品为转基因大豆油加工制成，但本产品中已不再含有转基因成分”或者标注为“本产品加工原料中有转基因大豆，但本产品中已不再含有转基因成分”。

34. 进口食品可以加贴“白标”么?

进口食品可以加贴“白标”，即采用原产国标签的食品进口到中国时，可以采用加贴标签的形式覆盖原标签（包括营养标签）信息，以确保加贴标签的内容符合我国相关法规标准的要求。

但需要特别注意的是，按照2021年4月12日中华人民共和国海关总署发布的《中华人民共和国进出口食品安全管理办法》（海关总署令第249号）的要求，进口保健食品、特殊膳食用食品的中文标签必须印制在最小销售包装上，不得加贴“白标”。

延伸阅读

GB 7718—2011《食品安全国家标准　预包装食品标签通则》问答（修订版）、GB 28050—2011《食品安全国家标准　预包装食品营养标签通则》问答（修订版）中，均对加贴“白标”进行了补充规定：

对于采用在原进口预包装食品包装外加贴中文标签方式进行标示的情况，加贴中文标签应按照GB 7718—2011《食品安全国家标准　预包装食品标签通则》的方式标示；原外文标签的图形和符号不应有违反GB 7718—2011《食品安全国家标准　预包装食品标签通则》及相关法律法规要求的内容。

进口预包装食品可以采用“加贴”等方式标注营养标签，并符合我国营养标签标准的要求和国家相关规定。

因此，对于营养标签部分，可以采用符合本标准要求的中文营养标签加贴的形式，整体覆盖原有外文标签的营养标签的操作。

35. 标示日期时使用“见包装”字样，是否需要指明包装的具体位置？

依据GB 7718—2011《食品安全国家标准　预包装食品标签通则》问答（修订版）的要求，是否需要指明包装位置应按照以下两种情况进行区分：

（1）包装体积较大时，应指明日期在包装物上的具体部位；

（2）小包装食品，可采用“生产日期见包装”“生产日期见喷码”等形式。

以上要求是为了方便消费者找到日期信息。

延伸阅读

为了方便消费者找到日期信息是基本前提，虽然标准问答中有两种标示方式，但是在实际执行时，包装体积大小的判定标准并没有明确要求，这就造成很多产品的日期标示都采用了“见包装”或“见喷码”等形式，这样非常不利于消费者快速、有效识别日期位置。

针对这一实际情况，2019年12月31日，国家卫生健康委员会发布的《食品安全国家标准　预包装食品标签通则（征求意见稿）》对该要求进行了修改，拟规定“如日期标示采用‘见包装物某部位’的形式，应标明所在包装物的具体部位”。

36. 如何正确理解当前法规中“不添加”的标示要求？

依据当前的法规要求，标示“不添加”的条件比较严格，且针对不同的配料有不同的要求。另外，“不添加”在未来很可能会被禁止标示。

（1）GB 7718—2011《食品安全国家标准　预包装食品标签通则》实施指南规定：当使用“不添加”等词汇修饰某种配料（含食品添加剂）时，应真实准确地反映食品配料的实际情况，即生产过程中不添加某种物质，其原料也未使用该物质，否则可视为对消费者的误导。当GB 2760—2014《食品安全国家标准　食品添加剂使用标准》未批准某种物质添加剂在该类食品中使用时，不应使用“不添加”该种添加剂来误导消费者。

（2）依据食品安全国家标准评审委员会秘书处编著的《食品安全国家标准常见问题解答》：在确定情况属实的前提下，若涉及“不含”或“不添加”声称的物质是某类或某种食品添加剂，且GB 2760—2014允许此类食品产品使用该类或该种食品添加剂，则应按照GB 7718—2011标准4.1.4的规定，对所有声称涉及的GB 2760—2014允许使用的食品添加剂进行定量标示。

（3）同时参考2019年12月31日，国家卫生健康委员会发布的《食品安全国家标准　预包装食品标签通则》（征求意见稿）4.4.2.2规定：

不得使用“不添加”“不使用”及其同义语等词汇。等同于“不添加”“不使用”的同义语包括“未添加”“零添加”“未使用”“没加”“不加”“没用”等。

延伸阅读

依据2022年3月15日生效的《食品生产经营监督检查管理办法》，对有证据证明未实际添加的成分，标注了“未添加”的，应同时标示未添加成分的具体含量。对于未按照规定标示具体含量的情形可以认定为标签瑕疵，市场监督管理部门会责令当事人改正。经食品生产者采取补救措施且能保证食品安全的食品、食品添加剂可以继续销售，并且销售时应当向消费者明示补救措施。

37. 如何正确理解“无糖”？

根据GB 28050—2011《食品安全国家标准　预包装食品营养标签通则》问答（修订版），碳水化合物是指糖（单糖和双糖）、寡糖和多糖的总称，是提供能量的重要营养素。其中明确，糖指单糖和双糖。因此，在标示营养标签时，糖标示在碳水化合物的下属子类中。

“无或不含糖”是GB 28050—2011《食品安全国家标准　预包装食品营养标签通则》规定的一种含量声称，其声称要求为碳水化合物（糖）≤0.5g/100g（固体）或100mL（液体）。我们在购买带有无糖声称的食品时可以依据其营养成分表标示的碳水化合物或碳水化合物和糖的含量来判断宣传的合规性。例如，当营养成分表中碳水化合物的含量为0时，说明其中的糖也为0，因此符合“无糖”声称要求。当营养成分表中糖的含量为0时，不管碳水化合物是否为0，都可以进行“无糖”声称。

因此，食品标签上的“无糖”并不一定代表“无碳水化合物”，消费者在挑选食品时应仔细辨别，根据需求选购。

延伸阅读

GB/Z 21922—2008《食品营养成分基本术语》中规定，“碳水化合物”是糖、寡糖、多糖的总称；“糖”指所有的单糖和双糖。

GB 28050—2011《食品安全国家标准　预包装食品营养标签通则》中规定，当“碳水化合物（糖）”的含量≤0.5g/100g（固体）或100mL（液体）时，含量声称可标示为“无糖”或“不含糖”。

另外，依据食品安全国家标准评审委员会秘书处编著的《食品安全国家标准常见问题解答》的解释，当“碳水化合物”含量不为“0”而“糖”含量为“0”时，也可进行“无糖”声称，此时则需要单独标示“糖”的含量。

38. 糖果标签上可以宣传“无乳糖”吗？

不可以，依据GB 28050—2011《食品安全国家标准　预包装食品营养标签通则》，“无乳糖”“低乳糖”仅可用于乳品类的含量声称。

延伸阅读

GB 28050—2011《食品安全国家标准　预包装食品营养标签通则》规定，只有乳品类食品可对乳糖进行含量声称，当乳糖含量≤2g/100g（mL）时，可宣称“低乳糖”；当乳糖含量≤0.5g/100g（mL）时，可宣称“无乳糖”。

产品对乳糖进行含量声称时，乳糖含量的标示方式有两种。

一是在碳水化合物下标示；二是用括弧标示，相关举例如下表所示（举例仅适用于乳及乳制品）。

表　乳糖含量标示方式1

营养成分表		
项目	每100g	NRV%
能量	kJ	%
蛋白质	g	%
脂肪	g	%
碳水化合物	g	%
——乳糖	g	
钠	mg	%

表　乳糖含量标示方式2

营养成分表		
项目	每100g	NRV%
能量	kJ	%
蛋白质	g	%
脂肪	g	%
碳水化合物（乳糖）	g	%
钠	mg	%

39. 添加可食用菌种的固体饮料，标签标示应特别注意哪些问题？

依据GB 7101—2022《食品安全国家标准　饮料》，添加菌种的产品标签应标明活菌（未杀菌）型或非活菌（杀菌）型。添加乳酸菌的活菌（未杀菌）型产品乳酸菌数应≥10^6CFU/g（mL），并在产品标签上标识乳酸菌含量。此处的乳酸菌数是指产品在整个货架期内应保证的活菌数量。乳酸菌按GB 4789.35规定的方法检验。需冷藏或冷冻贮存和运输的产品应在标签上标识贮存和运输条件。

此外，还应特别注意警示用语的要求。依据2021年12月24日国家市场监督管理总局发布的《关于加强固体饮料质量安全监管的公告》（2021年第46号），添加可食用菌种的固体饮料最小销售单元，还应在同一展示版面标示“本产品不能代替特殊医学用途配方食品、婴幼儿配方食品、保健食品等特殊食品”作为警示信息，所占面积不应小于其所在面的20%，警示信息文字应当使用黑体字印刷，并与警示信息区域背景有明显色差。

延伸阅读

GB 7101—2022《食品安全国家标准　饮料》规定，需冷藏或冷冻贮存和运输的产品应在标签上标示贮存和运输条件。

GB 7718—2011《食品安全国家标准　预包装食品标签通则》问答（修订版）中对菌种的标示也有详细的规定。依据该问答第三十八条，预包装食品使用了《可用于食品的菌种名单》中的菌种，应当按照上述菌种名单标注菌种的具体名称，企业可同时在预包装食品上标注相应菌株号和菌种含量。

另外，依据2022年8月18日发布的《关于〈可用于食品的菌种名单〉和〈可用于婴幼儿食品的菌种名单〉更新的公告》，菌种名称进行调整的，设置两年过渡期，在过渡期内企业可自愿选择标示更新前或更新后的菌种名称，过渡期结束后则必须强制标示更新后的菌种名称。

40. 添加“芦荟”的食品，标签有哪些特殊要求？

芦荟产品中仅有库拉索芦荟凝胶可用于食品生产加工。依据《关于批准嗜酸乳杆菌等7种新资源食品的公告》（卫生部公告2008年第12号），批准库拉索芦荟凝胶（AloeVera Gel）为新食品原料，来源于库拉索芦荟叶片的可食用部位凝胶肉，是以库拉索芦荟叶片为原料，经沥醌清洗、去皮、漂烫、杀菌等步骤制成的无色透明至乳白色凝胶，可用于各类食品，食用量≤30g/d，孕妇、婴幼儿不宜食用。

延伸阅读

依据原卫生部等6部局《关于含库拉索芦荟凝胶食品标识规定的公告》（2009年第1号），添加库拉索芦荟凝胶的食品必须标注“本品添加芦荟，孕妇与婴幼儿慎用”字样，并应当在配料表中标注“库拉索芦荟凝胶”。

添加库拉索芦荟凝胶的食品包装主视页面或食品名称可选择仅标注“芦荟”字样，标识内容不应误导消费者。

企业应在企业标准中对添加库拉索芦荟凝胶的食品的每日食用量做出规定。若无法确保消费者芦荟日摄入量在安全范围内，应在包装上标注每日食用量警示语。

含芦荟的保健食品应当按照保健食品相关规定进行管理。

41. 固体饮料必须标示警示语吗？

依据2021年12月24日国家市场监督管理局发布的《关于加强固体饮料质量安全监管的公告》（2021年第46号）的规定：直接提供给消费者的蛋白固体饮料、植物固体饮料、特殊用途固体饮料、风味固体饮料，以及添加可食用菌种的固体饮料最小销售单元，应在同一展示版面标示“本产品不能代替特殊医学用途配方食品、婴幼儿配方食品、保健食品等特殊食品”作为警示信息，所占面积不应小于其所在面的20%，警示信息文字应当使用黑体字印刷，并与警示信息区域背景有明显色差。

2023年7月26日，中国饮料工业协会发布的GB/T 29602《固体饮料质量要求》（征求意见稿）规定，警示信息文字字高应便于消费者购买时易于辨认和识读，警示信息面积包括警示信息文字及其背景的整个区域面积，按照呈现形式进行计算。

延伸阅读

《公告》中还规定了不得使用生产工艺、原料名称等明示、暗示涉及疾病预防、治疗功能、保健功能等要求。相关食品企业应对固体饮料标签标示的合规管理加以重视。

固体饮料是饮料的一种，但经常被“伪装”成特殊膳食用食品误导消费者，如固体饮料冒称特殊医学用途婴儿配方食品等。所以，相关食品企业应确保固体饮料标签标示合法合规，避免误导消费者，以免导致一些恶性事件的发生。

42. 复配食品添加剂应如何命名？

复配食品添加剂应按GB 26687—2011《食品安全国家标准　复配食品添加剂通则》中的命名原则进行命名。无论是由单一功能且功能相同的食品添加剂品种复配而成的食品添加剂，还是由功能相同的多种功能食品添加剂，或者不同功能的食品添加剂复配而成的食品添加剂，都可以依据“复配”+“GB 2760中食品添加剂功能类别名称”的规则命名，如复配着色剂、复配乳化稳定剂等。

另外，复配的营养强化剂也应当符合GB 26687—2011《食品安全国家标准　复配食品添加剂通则》中的命名原则，比如复配维生素、复配矿物质等，不可自行命名为复合维生素、复合矿物质等。

延伸阅读

如果食品添加剂是由功能相同的多种功能食品添加剂，或者不同功能的食品添加剂复配而成的，依据GB 26687—2011《食品安全国家标准　复配食品添加剂通则》，还可以按“复配”+“食品类别”+“GB 2760中食品添加剂功能类别名称”的规则命名。

另外，GB 7718—2011《食品安全国家标准　预包装食品标签通则》问答（修订版）第三十二和三十三条规定了复配食品添加剂的标示要求，即应当在食品配料表中一一标示在终产品中具有功能作用的每种食品添加剂；若食品添加剂中含有辅料，且该辅料不在终产品中发挥功能作用，则不需要在配料表中标示。

43. 进口食品使用在国外已经进行有机认证的原料或在国外已经进行有机认证的产品，是否可以在标签上宣称有机或是标示国外的有机认证标志？

依据2013年11月15日原国家质量监督检验检疫总局发布的《有机产品认证管理办法》（该办法于2022年9月29日由国家市场监督管理总局修订），进口有机产品应符合我国有机产品的相关法律法规和我国有机产品国家标准的要求。因此，该产品要想进入中国，需要按照相应的程序和标准，通过中华人民共和国国家认可监督管理委员会的认证。否则，产品或产品的最小销售包装及其标签不得标有“有机”“Organic”等可能误导公众认为该产品为有机产品的文字和图案。取得相应认证后，方可在获证产品或者产品的最小销售包装上，加施中国有机产品认证标志、有机码和认证机构名称。

延伸阅读

若进口产品想申请中国的有机食品认证，依据《有机产品认证管理办法》要求，有机产品生产者、加工者，可以自愿委托认证机构进行有机产品认证，并提交有机产品认证实施规则中规定的申请材料。

中国的有机食品的定义为：生产、加工和销售符合中国有机产品国家标准的供人类消费、动物食用的产品。其中有机配料含量≥95%。应当在获得有机产品认证后，方可在产品或者产品包装及标签上标注“有机”字样，加施有机产品认证标志。

且依据《有机产品认证管理办法》第十八条：向中国出口有机产品的国家或者地区的有机产品认证体系与中国有机产品认证体系等效的，国家市场监督管理总局可以与其主管部门签署相关备忘录。该国家或者地区出口至中国的有机产品，依照相关备忘录的规定实施管理。

目前，仅有新西兰和丹麦同我国签署了备忘录。

44. 营养成分表是否可以用特殊格式？

依据GB 28050—2011《食品安全国家标准　预包装食品营养标签通则》，营养成分表应以一个“方框表”的形式标示（特殊情况除外），方框可为任意尺寸，并与包装的基线垂直。所以特殊形状的表格还是建议改为方框表，可以选取上述标准中给出的模板进行标示。

延伸阅读

依据GB 28050—2011《食品安全国家标准　预包装食品营养标签通则》中的要求，营养成分表应以一个“方框表”的形式标示，方框可为任意尺寸，并与包装的基线垂直，表题为“营养成分表”。在GB 28050—2011《预包装食品营养标签通则》问答（修订版）中对此条的解释为，包装的基线是指包装的直线边缘或轴线，或者是产品的底面形成的基线。在保证营养成分表为方框表的前提下，其一边与基线垂直即可。

为了规范食品营养标签标示，便于消费者记忆和比较，GB 28050—2011《食品安全国家标准　预包装食品营养标签通则》附录B中推荐了6种基本格式。在保证符合基本格式要求和确保不对消费者造成误导的基础上，企业在版面设计时可进行适当调整，包括但不限于：因美观要求或为便于消费者观察而调整文字格式（左对齐、居中等）、背景和表格颜色或适当增加内框线等。

除此之外，依据GB 28050—2011《预包装食品营养标签通则》问答（修订版），产品包装总表面积≤100cm²或最大表面面积≤20cm²的预包装食品可豁免强制标示营养标签（两者满足其一即可），允许自愿标示营养信息。这类产品自愿标示营养信息时，可使用文字格式，并可省略营养素参考值（NRV）标示。包装总表面积计算可在包装未放置产品时平铺测定，但应除去封边及不能印刷文字部分所占尺寸。

文字格式或非表格形式标示营养信息，允许不用营养素参考值（NRV）阐释，但必须遵循本标准规定的能量和营养成分的标示名称、顺序和表达单位。

45. 营养成分表中的核心营养素指哪些？

GB 28050—2011《食品安全国家标准　预包装食品营养标签通则》规定，营养标签中的核心营养素包括蛋白质、脂肪、碳水化合物和钠。

另外，GB 28050—2011标准4.1规定，当标示其他成分时，应采取适当形式使能量和核心营养素的标示更加醒目。依据GB 28050—2011《预包装食品营养标签通则》问答（修订版）第三十一条，可以通过增大字号、改变字体（如斜体、加粗、加黑）、改变颜色（字体或背景颜色）、改变对齐方式等方式使核心营养素标示更加醒目。

延伸阅读

2021年9月26日，国家卫生健康委员会发布的《食品安全国家标准　预包装食品营养标签通则》（征求意见稿）将核心营养素从现行标准中的4个扩充到6个，分别是蛋白质、脂肪、饱和脂肪（或饱和脂肪酸）、碳水化合物、糖和钠。

另外，并不是所有食品类别都需要将蛋白质、脂肪、碳水化合物和钠醒目标示。GB 13432—2013《食品安全国家标准　预包装特殊膳食用食品标签》中并未对特殊膳食用食品强制要求蛋白质、脂肪、碳水化合物和钠醒目标示。

还有，不同的国家及地区对核心营养素的种类和数量的设定都是基于其居民营养状况、营养缺乏病、慢性病的发生率、监督水平、企业承受能力等因素，会有一些不同，比如中国香港是蛋白质、总脂肪、饱和脂肪、反式脂肪、碳水化合物、糖和钠。

46. 营养成分表中是否可标示营养强化剂的别名？

营养成分表的标示应执行GB 28050—2011《食品安全国家标准 预包装食品营养标签通则》的要求。该标准规定了几种常见营养成分的别名，如维生素B_1（又名硫胺素）、维生素B_2（又名核黄素）、维生素C（又名抗坏血酸）、烟酸（又名烟酰胺）、饱和脂肪（又名饱和脂肪酸）、反式脂肪（又名反式脂肪酸）等，这些别名在营养成分表中可选择标示。

延伸阅读

依据GB 28050—2011《预包装食品营养标签通则》问答（修订版）第三十四条要求，营养成分应按本标准表1第1列名称和顺序标示。当某营养素有两个名称时，如烟酸（烟酰胺），可以选择标示“烟酸”或“烟酰胺”，也可以标示“烟酸（烟酰胺）”。同样，饱和脂肪（酸）可标示为“饱和脂肪”或“饱和脂肪酸”，也可标示为“饱和脂肪（酸）”。类似的还有“反式脂肪（酸）”“单不饱和脂肪（酸）”“多不饱和脂肪（酸）”等。

47. 营养成分含量可以通过计算获得吗？

可以。企业需确保计算数值的准确性，必要时可用检测数据进行比较和评价。为保证数值的溯源性，建议企业保留相关信息，以便查询和及时纠正相关问题。

延伸阅读

依据GB 28050—2011《食品安全国家标准　预包装食品营养标签通则》问答（修订版），营养成分含量可以通过直接检测或间接计算获得。

（1）直接检测可选择国家标准规定的检测方法，在没有国家标准方法的情况下，可选用AOAC推荐的方法或公认的其他方法，通过检测产品直接得到营养成分含量数值。企业可自行开展营养成分的分析检测，也可委托有资质的检验机构完成。

（2）间接计算可利用原料的营养成分含量数据，根据原料配方计算获得；或利用可信赖的食物成分数据库数据，根据原料配方计算获得。

可用于计算的原料营养成分数据来源包括：供货商提供的检测数据；企业产品生产研发中积累的数据；权威机构发布的数据，如《中国食物成分表》。

可使用的食物成分数据库包括：中国疾病预防控制中心营养与食品安全所编著的《中国食物成分表》；如《中国食物成分表》未包括相关内容，还可参考以下资料：美国农业部*USDA National Nutrient Database for Standard Reference*、英国食物标准局和食物研究所*McCance and Widdowson's the Composition of Foods*或其他国家的权威数据库资料。

48. 同时以每100g及每份标示营养成分时，NRV如何标注？

不需要将100g及每份的NRV全部标示。GB 28050—2011《食品安全国家标准　预包装食品营养标签通则》实施指南及示例解析中列举了多种营养标签的基本格式，其中指出NRV可用份或100g为基准来计算，在标签中明示即可。

延伸阅读

GB 28050—2011《食品安全国家标准　预包装食品营养标签通则》对预包装食品营养标签规定了标示内容。所有预包装食品营养标签强制标示的内容包括能量、核心营养素的含量值及其占营养素参考值（NRV）的百分比。当标示其他成分时，应采取适当形式使能量和核心营养素的标示更加醒目。对除能量和核心营养素外的其他营养成分进行营养声称或营养成分功能声称时，在营养成分表中还应标示出该营养成分的含量及其占营养素参考值（NRV）的百分比。使用了营养强化剂的预包装食品，在营养成分表中还应标示强化后食品中该营养成分的含量值及其占营养素参考值（NRV）的百分比。食品配料含有或生产过程中使用了氢化和（或）部分氢化油脂时，在营养成分表中还应标示出反式脂肪（酸）的含量，未规定营养素参考值（NRV）的营养成分仅需标示含量。

另外，该标准还规定了预包装食品中能量和营养成分的含量应以每100克（g）和（或）每100毫升（mL）和（或）每份食品可食部中的具体数值来标示。当用份标示时，应标明每份食品的量。份的大小可依据食品的特点或推荐量规定。

附录B提供了6种营养标签格式，企业可依据产品的具体情况选择相应的标示格式，在保证符合基本格式要求和确保不会误导消费者的基础上，企业在版面设计时可进行适当的调整，以使消费者更易查看营养标签。

49. 营养成分表中的每100g或每份指的是“可食部分”吗?

GB 28050—2011《食品安全国家标准　预包装食品营养标签通则》规定，可食部是指预包装食品净含量去除其中不可食用的部分后的剩余部分。营养成分表中的每100g或者每100mL或者每份食品指的是“可食部分”。

延伸阅读

GB 28050—2011《食品安全国家标准　预包装食品营养标签通则》规定：可食部是指预包装食品净含量去除其中不可食用的部分后的剩余部分。食品含有皮、骨、籽等非可食部分的，如罐装的排骨、鱼、袋装带壳坚果等，应首先计算可食部，再标示可食部中能量和营养成分含量。其中，可食部=（总重量-废弃量）/总重量×100%。

GB 2762—2022《食品安全国家标准　食品中污染物限量》规定“可食用部分”是食品原料经过机械手段去除非食用部分后，所得到的用于食用的部分。需要强调的是，非食用部分的去除是使用机械手段，如谷物碾磨、水果剥皮、坚果去壳、肉去骨、鱼去刺、贝去壳等，而不可采用任何非机械手段，如粗制植物油精炼过程等。采用“机械手段”一词进行描述主要为了区分于化学手段以及水分蒸发等物理手段，并非指只能机器加工。

50. 食品标签上是否可以标示“出品”“研制”“监制”等相关描述内容?

依据GB 7718—2011《食品安全国家标准　预包装食品标签通则》，受其他单位委托加工预包装食品的，应标示委托单位和受委托单位的名称和地址，所以标签上只要依据实际情况标示清楚该内容即可。

关于“出品”“研制”等相关字样是否可以标示，依据食品安全国家标准评审委员会秘书处编著的《食品安全国家标准常见问题解答》，食品标签上常出现的“监制”“出品”“授权生产”等内容属于标准未进行规定的范畴，提供相应证明依据就可以标示。

但依据2020年7月27日国家市场监督管理总局发布的《食品标识监督管理办法（征求意见稿）》，进一步明确了标签上不得使用“特供”“特制”“特需”“监制”等词语介绍食品，所以后期会有一定的风险。

延伸阅读

《食品标识监督管理办法（征求意见稿）》第三十二条：食品标识不得标注下列内容：

（1）明示、暗示以及涉及疾病预防、治疗功能的；（2）非保健食品明示或者暗示具有保健作用的；（3）以欺骗或者误导的方式描述或者介绍食品的；（4）产品说明无法证实其依据的；（5）对于食品中不含有或者未使用的物质，以“不添加”“零添加”“不含有”或类似字样强调不含有或者未使用的；（6）对于未使用转基因食品原料，以“不含转基因”“非转基因”或者类似字样介绍食品的；（7）使用有违道德伦理或者公序良俗的食品名称和文字描述的；（8）使用已经注册的药品名称作为食品名称的；（9）使用“特供”“特制”“特需”“监制”等词语介绍食品的；（10）法律法规和食品安全标准禁止标注的内容。

51. 委托加工产品如何标注双方信息？

依据《中华人民共和国食品安全法》，预包装食品的包装上应当标明生产者的名称、地址、联系方式。

《食品标识管理规定》第八条第三项规定：受委托生产加工食品且不负责对外销售的，应当标注委托企业的名称和地址；对于实施生产许可证管理的食品，委托企业具有其委托加工的食品生产许可证的，应当标注委托企业的名称、地址和被委托企业的名称，或者仅标注委托企业的名称和地址。

GB 7718—2011《食品安全国家标准　预包装食品标签通则》规定：

受其他单位委托加工预包装食品的，应标示委托单位和受委托单位的名称和地址；或仅标示委托单位的名称和地址及产地，产地应当按照行政区划标注到地市级地域。

综合以上法规，委托加工需要标示委托双方的企业名称、地址和联系方式，以及被委托方的食品生产许可证。

延伸阅读

2020年7月27日国家市场监督管理总局发布的《食品标识监督管理办法》（征求意见稿）第十六条第四项规定：委托其他单位生产食品的，应当同时标注委托单位和被委托单位的名称、地址。

2019年12月31日，国家卫生健康委员会发布的《食品安全国家标准　预包装食品标签通则》（征求意见稿）4.6.1.3规定：

受其他单位委托加工预包装食品的，应同时标示委托单位和受委托单位的名称和地址。

参考上述征求意见稿，修订趋势为同时标注委托单位和被委托单位的名称、地址，与其他法规保持一致。

52. 如何计算预包装食品包装物或包装容器最大表面面积?

依据GB 7718—2011《食品安全国家标准　预包装食品标签通则》附录A，

（1）长方体形包装物或长方体形包装容器计算方法：长方体形包装物或长方体形包装容器的最大一个侧面的高度（cm）乘以宽度（cm）。

（2）圆柱形包装物、圆柱形包装容器或近似圆柱形包装物、近似圆柱形包装容器计算方法：包装物或包装容器的高度（cm）乘以圆周长（cm）的40%。

（3）其他形状的包装物或包装容器计算方法：包装物或包装容器的总表面积的40%。

如果包装物或包装容器有明显的主要展示版面，应以主要展示版面的面积为最大表面面积。包装袋等计算表面面积时应除去封边所占尺寸。瓶形或罐形包装计算表面面积时不包括肩部、颈部、顶部和底部的凸缘。

延伸阅读

GB 7718—2011《食品安全国家标准　预包装食品标签通则》问答（修订版）指出，当预包装食品包装物或包装容器最大表面面积＞$10cm^2$但≤$35cm^2$时，食品标签应当按照GB 7718—2011《食品安全国家标准　预包装食品标签通则》要求标示所有强制性内容。根据标签面积具体情况，标签内容中的文字、符号、数字的高度可以＜1.8mm，应当清晰，易于辨认。

53. 进口预包装食品的原产国如何标示？

依据GB 7718—2011《食品安全国家标准　预包装食品标签通则》问答（修订版）第五十六条要求，进口预包装食品的原产国国名或地区区名，是指食品成为最终产品的国家或地区名称，包括包装（或灌装）国家或地区名称。进口预包装食品中文标签应当如实准确标示原产国国名或地区区名。如进口食品出品方为瑞士某公司，受委托生产商为塞尔维亚企业，此时应标示原产国为塞尔维亚。

延伸阅读

GB 7718—2011《食品安全国家标准　预包装食品标签通则》及其问答（修订版）规定：进口预包装食品应标示原产国国名或地区区名（如香港、澳门、台湾），以及在中国依法登记注册的代理商、进口商或经销者的名称、地址和联系方式，可不标示生产者的名称、地址和联系方式。

原有外文的生产者的名称地址等不需要翻译成中文。

对于采用在原进口预包装食品包装外加贴中文标签方式进行标示的情况，加贴中文标签应按照GB 7718—2011《食品安全国家标准　预包装食品标签通则》的方式标示；原外文标签的图形和符号不应有违反GB 7718—2011《食品安全国家标准　预包装食品标签通则》及相关法律法规要求的内容。

进口预包装食品可免于标示相关产品标准代号和质量（品质）等级，如果标示了产品标准代号和质量（品质）等级，应确保真实、准确。

《中华人民共和国食品安全法》第九十七条规定：进口的预包装食品、食品添加剂应当有中文标签；依法应当有说明书的，还应当有中文说明书。标签、说明书应当符合本法以及我国其他有关法律、行政法规的规定和食品安全国家标准的要求，并载明食品的原产地以及境内代理商的名称、地址、联系方式。预包装食品没有中文标签、中文说明书或者标签、说明书不符合本条规定的，不得进口。

54. 分装食品的标签标示有哪些特殊要求？

分装食品的标签标示除需符合GB 7718—2011《食品安全国家标准　预包装食品标签通则》要求之外，还有以下规定：

《食品标识管理规定》规定："分装食品应当标注分装者的名称及地址，并注明分装字样"。

关于分装食品的产地标示，依据GB 7718—2011《食品安全国家标准　预包装食品标签通则》问答（修订版）第五十条，"产地"指食品的实际生产地址，因此分装食品的产地应为分装地址。

延伸阅读

食品分装企业应依法取得食品生产许可（分装）。2022年10月21日国家市场监督管理总局发布的《食品生产许可审查通则》对于申请食品生产许可的材料有如下规定：产品信息表中食品、食品添加剂类别，类别编号，类别名称，品种明细及备注的填写符合2020年2月26日国家市场监督管理总局发布的《食品生产许可分类目录》的有关要求。分装生产的，应在相应品种明细后注明。由此可见，食品分装是纳入食品生产许可审查范围的，食品分装企业应依法取得食品生产许可。

原卫生部《关于食品分装加工及分装食品监督管理有关问题的批复》（卫监督发〔2004〕310号）中提到：单纯性分装或添加少量其他成分后分装的定型包装食品的生产日期按分装日期标注；产品保质日期应按被分装食品的原保质日期标注，若添加成分的保质日期比被分装食品的保质日期短，则产品保质日期按添加成分的原保质日期标注。

55. 如何计算预包装食品的能量值？

食品中能量值的计算依据主要供能成分含量和相应的换算系数计算获得，依据GB 28050—2011《食品安全国家标准　预包装食品营养标签通则》规定，目前能量的计量单位是千焦（kJ），换算公式为：能量（kJ）=蛋白质（g）×17+脂肪（g）×37+碳水化合物（g）×17+乙醇（酒精）（g）×29+有机酸（g）×13，当标示其他产能营养素时，还应将其计算入内，如标示膳食纤维时需按8kJ/g的系数换算。

除碳水化合物外，各项供能成分均可以通过直接测定获得其数值。碳水化合物按减法或加法计算获得，减法计算方式：可利用碳水化合物=100-（蛋白质+脂肪+水分+灰分+膳食纤维），减法时未减去膳食纤维的是总碳水化合物；加法则需测定糖（单糖和双糖）、寡糖、多糖和淀粉之和。计算能量时，若产品中还有糖醇类可参考GB 28050—2011《食品安全国家标准　预包装食品营养标签通则》问答（修订版）科学计算，将碳水化合物减去糖醇类的占比后再进行换算，糖醇类物质中赤藓糖醇能量系数为0kJ/g，其他糖醇能量系数为10kJ/g。

延伸阅读

能量指食品中蛋白质、脂肪、碳水化合物等产能营养素在人体代谢中产生能量的总和。不同国家（地区）能量计算方式略有不同，但计算结果基本一致不会有太大差异，GB 28050—2011《食品安全国家标准　预包装食品营养标签通则》中没有将碳水化合物区分为可获得碳水化合物或总碳水化合物，对糖醇类折算系数没有做强制性要求，考虑到营养成分标示值修约等原因，因此采用不同计算方式得到的能量值会有差异。

在2021年发布的《食品安全国家标准　预包装食品营养标签通则》（征求意见稿）中，计算能量时拟删除乙醇、有机酸、糖醇类、麦芽糖醇、乳糖醇、山梨糖醇等单体成分，仅以蛋白质、脂肪、碳水化合物和膳食纤维的系数换算，可能会改善能量值差异的问题，同时可以确保标示值的稳定性，便于企业操作。

56. 营养成分表中标示碳水化合物含量不为0，但能量为0，这是为何？碳水化合物含量<1g是不是也会出现这种情况？

出现这种情况很可能是因为食品配料中使用了“赤藓糖醇”，且未使用其他含碳水化合物的配料。

“赤藓糖醇”是碳水化合物的一种。依据GB 28050—2011《食品安全国家标准 预包装食品营养标签通则》问答（修订版）第二十四条解释，我国相关国家标准中尚未规定糖醇的能量系数，鉴于目前糖醇在部分类别食品中使用较多，为科学计算能量，建议“赤藓糖醇”能量系数为0kJ/g，其他糖醇的能量系数为10kJ/g。

所以，当食品中使用了“赤藓糖醇”，且未使用其他含碳水化合物的配料，就可能会出现碳水化合物含量不为0，但能量为0的情况。比较常见的就是一些风味饮料，将“赤藓糖醇”代替传统糖类使用，再添加辅料、香精等，当碳水化合物只有“赤藓糖醇”的时候，能量计算自然为0。

另外，还有一种情况为，碳水化合物含量不为0，但是计算能量时因满足能量的“0”界限值而标示为0。例如，碳水化合物含量为0.7g，能量计算为11.9kJ，小于能量的“0”界限值17kJ/100mL，故应标示为0。

延伸阅读

“赤藓糖醇”列于GB 2760—2014《食品安全国家标准 食品添加剂使用标准》表A.2“可在各类食品中按生产需要适量使用的食品添加剂名单”中，属于一种甜味剂，可在各类食品（表A.3“按生产需要适量使用的食品添加剂所例外的食品类别名单”中的食品类别除外）中按生产需要适量使用。

由于“赤藓糖醇”既可以表达甜味，能量系数又为0kJ/g，经常被视为一种“代糖”。但是，“赤藓糖醇”在中国属于食品添加剂，虽然可以按生产需要适量使用，但是也应该符合食品添加剂使用原则中的要求，即在达到预期效果的前提下尽可能降低在食品中的使用量。

57. 营养成分表中的“反式脂肪酸”是否属于强制性标示内容？

反式脂肪酸属于“条件性强制标示”，即如果产品的配料含有或生产过程中使用了氢化油或部分氢化油，则必须强制标示出反式脂肪酸的含量，如果产品中没有使用，则可以选择性标示而无需强制。简言之即“用氢化、标反式”。

依据GB 28050—2011《食品安全国家标准　预包装食品营养标签通则》规定：食品配料含有或生产过程中使用了氢化和（或）部分氢化油脂时，在营养成分表中还应标示出反式脂肪（酸）的含量。

延伸阅读

反式脂肪酸的主要来源包括3个方面，即植物油氢化加工过程中产生、反刍动物瘤胃中微生物产生和植物油的高温精炼过程中产生。其中植物油氢化加工是指植物油在镍（Ni）等催化剂的作用下，直接将氢加到不饱和脂肪酸的双键处，在这一过程中，部分油脂的不饱和双键发生异构化，从而生成反式脂肪酸。不同氢化油中反式脂肪酸的含量因加工工艺的不同可能有很大波动，一般占油脂含量的10%左右，最多可达到60%。由于氢化后的油脂具有熔点高、氧化稳定性好、货架期长、风味独特、口感更佳等优点，且成本上更占据优势，这一工艺在20世纪70年代被西方工业国家广泛使用。

值得一提的是，由于目前植物油氢化工艺的改善，氢化油中反式脂肪酸的含量也在逐步降低，一些完全氢化的植物油中反式脂肪酸含量几乎检测不出。因此，部分产品虽然使用了氢化油，但反式脂肪酸含量很低，有的甚至达到了“无”反式脂肪酸的声称要求，这点在某些产品的标签上会有体现。但是，依据本条款要求，无论反式脂肪酸在终产品中含量多低，只要配料中含有或生产过程中使用了氢化和（或）部分氢化油脂，都应该强制标示。标示方式应按照GB 28050—2011《食品安全

国家标准　预包装食品营养标签通则》中的要求，小于相应“0”界限值时应标示为“0”并可进行相应的声称。在企业制作营养标签和实际监管中，也应该注意这方面内容。

58. 膳食纤维在标签上如何进行标注？

依据GB 28050—2011《食品安全国家标准　预包装食品营养通则》问答（修订版）第三十七、三十八和三十九条，膳食纤维非核心营养素，企业可以依据需要选择标注，如果产品本身含有膳食纤维，以实际检测数值为依据可标注为膳食纤维，或膳食纤维（以可溶性膳食纤维计），或膳食纤维（以不可溶性膳食纤维计）。

产品中如果额外添加可溶性膳食纤维也可以用膳食纤维单体的形式标示，如膳食纤维（以多聚果糖计）或膳食纤维（以多聚果糖和菊粉计），此时营养成分表中应是终产品中可溶性膳食纤维单体的含量，而不是添加量。

延伸阅读

依据GB/Z 21922—2008《食品营养成分基本术语》中的要求，膳食纤维是指植物中天然存在的、提取或合成的碳水化合物的聚合物，其聚合度DP≥3，不能被人体小肠消化吸收、对人体有健康意义。膳食纤维又可以分为可溶性膳食纤维和不可溶性膳食纤维，可溶性膳食纤维是指能溶于水的膳食纤维部分，包括低聚糖和部分不能消化的多聚糖等；不可溶性膳食纤维是指不能溶于水的膳食纤维部分，包括木质素、纤维素、部分半纤维素等。

在日常的预包装食品中出现在配料表中频率比较高的可溶性膳食纤维除低聚果糖和低聚半乳糖以外，目前明确的可以提供膳食纤维来源的配料还有低聚异麦芽糖、菊粉、多聚果糖、聚葡萄糖、低聚木糖、β-葡聚糖（燕麦来源）、抗性糊精等。

59. 预包装食品标签上标示“0卡”是“0能量”吗？

GB 28050—2011《食品安全国家标准　预包装食品营养标签通则》中规定，固体食品能量≤17kJ/100g，液体食品能量≤17kJ/100mL，可以声称“无能量”，结合“不含”“无”的同义词有“零（0）”“没有”等，因此，“无能量”也可声称为“0能量”。表A.1提到，8400kJ能量相当于2000kcal，但是标准中并没有关于“0卡”的规定。

也就是说，固体食品能量≤17kJ/100g，液体食品能量≤17kJ/100mL，可以声称“无能量”或“0能量”；但对能量＞0cal的食品声称“0卡”没有法规及标准依据。

延伸阅读

2021年9月26日，国家卫生健康委员会对预包装食品营养标签通则等10项食品安全国家标准进行意见征求。在《食品安全国家标准　预包装食品营养标签通则》征求意见稿中，能量的声称方式，在“无能量”“低能量”的基础上增加了“无卡、无卡路里”“低卡、低卡路里”。即固体食品能量≤17kJ/100g，液体食品能量≤17kJ/100mL，可声称“无能量”“无卡”“无卡路里”或“0能量”“0卡”“0卡路里”。

从公开的《食品安全国家标准　预包装食品营养标签通则》征求意见稿来看，未来可能倾向于认同“0能量即是0卡”，对于正式发布的标准是如何规定的，让我们拭目以待。

60. 预包装食品营养成分表中能否标示“盐”？

不可以。GB 28050—2011《食品安全国家标准　预包装食品营养标签通则》规定了营养成分表中强制标示和可选择标示的营养成分，营养成分不包括“盐”，因此，不可以在营养成分表标示“盐”。

延伸阅读

食盐由氯化钠组成，部分国家要求营养成分表中标示食盐相当量，如日本。但在我国，GB 28050—2011《食品安全国家标准　预包装食品营养标签通则》规定强制标示的核心营养素为蛋白质、脂肪、碳水化合物和钠，除此之外，可选择标示部分营养素，如维生素、矿物质（钠除外）。

因此，部分食品在进口中国时，可按照GB/Z 21922—2008《食品营养成分基本术语》中规定的食品中钠含量（mg）和食盐当量（mg）的换算关系进行转换计算，即食盐当量=食品中钠含量×2.54。

另外，在GB 28050—2011《食品安全国家标准　预包装食品营养标签通则》中也规定了盐和钠的声称要求。

含量声称中，“低钠”要求每100g或100mL食品中的钠的含量≤120mg，“极低钠”要求每100g或100mL食品中的钠的含量≤40mg，“无或不含钠”要求每100g或100mL食品中的钠的含量≤5mg。

比较声称中，“减少钠”要求与参考食品比较，钠含量减少25%以上。

对“钠”进行声称时，也可用“盐”字代替“钠”字，如“低盐”“极少盐”“减少了25%盐”。

61. 销售单元内含有多个不同食品时，该如何标示营养成分信息？

依据GB 28050—2011《食品安全国家标准　预包装食品营养标签通则》问答（修订版），销售单元内包含多种不同食品时，有以下几种标示方式：

（1）标示包装内食品营养成分的平均含量。平均含量可以是整个大包装的检验数据，也可以是按照比例计算的营养成分含量。

（2）分别标示各食品的营养成分含量，共有信息可共用。

同一包装内含有可由消费者酌情添加的配料（如方便面的调料包、膨化食品的蘸酱包等）时，也可采用本方法进行标示。

延伸阅读

GB 7718—2011《食品安全国家标准　预包装食品标签通则》中规定：

一个销售单元的包装中含有不同品种、多个独立包装可单独销售的食品，每件独立包装的食品标识应当分别标注。

若外包装易于开启识别或透过外包装物能清晰地识别内包装物（容器）上的所有强制标示内容或部分强制标示内容，可不在外包装物上重复标示相应的内容；否则应在外包装物上按要求标示所有强制标示内容。

62. 什么是营养声称和营养成分功能声称？

营养声称和营养成分功能声称都是预包装食品营养标签的主要内容。依据GB 28050—2011《食品安全国家标准　预包装食品营养标签通则》，营养声称指对食品营养特性的描述和声明，如能量水平、蛋白质含量水平，包括含量声称和比较声称。营养成分功能声称指某营养成分可以维持人体正常生长、发育和正常生理功能等作用的声称。营养声称和营养成分功能声称都是企业自主标示的内容。对营养成分进行营养声称或营养成分功能声称时，应在营养成分表中标示出该营养成分的含量及其占营养素参考值（NRV）的百分比。

延伸阅读

关于含量声称、比较声称和功能声称，详情如下：

含量声称是描述食品中能量或营养成分含量水平的声称。声称用语包括"含有""高""低"或"无"等。需注意的是，只有在满足GB 28050—2011《食品安全国家标准　预包装食品营养标签通则》表C.1能量和营养成分含量声称的要求和条件的前提下，才可以进行相应的声称。例如"高钙""低糖""富含维生素C"。

比较声称是与消费者熟知的同类食品的营养成分含量或能量值进行比较以后的声称。当某营养成分含量满足表C.3 的要求和条件时，营养成分含量超过或少于25%以上，就可以使用比较声称。声称用语包括"增加"或"减少"等。例如"钙增加了30%""盐减少了25%"。

当某营养成分的含量标示值符合含量声称或比较声称的要求和条件时，可使用GB 28050—2011《食品安全国家标准　预包装食品营养标签通则》附录D 中相应的一条或多条营养成分功能声称标准用语。且不应对功能声称用语进行任何形式的删改、添加和合并。

63. 营养成分功能声称是否违反《中华人民共和国食品安全法》第七十一条的规定？

不违反。依据GB 28050—2011《食品安全国家标准　预包装食品营养标签通则》，营养成分功能声称指某营养成分可以维持人体正常生长、发育和正常生理功能的声称。当某营养成分的含量标示值符合含量声称或比较声称的要求和条件时，即可使用附录D 中相应的一条或多条营养成分功能声称标准用语，但不应对功能声称用语进行任何形式的删改、添加和合并。该种声称不涉及疾病预防、治疗，故不违反《中华人民共和国食品安全法》第七十一条的规定。

延伸阅读

《中华人民共和国食品安全法》第七十一条：食品和食品添加剂的标签、说明书，不得含有虚假内容，不得涉及疾病预防、治疗功能。生产经营者对其提供的标签、说明书的内容负责。食品和食品添加剂的标签、说明书应当清楚、明显，生产日期、保质期等事项应当显著标注，容易辨识。食品和食品添加剂与其标签、说明书的内容不符的，不得上市销售。

依据2021年4月29日全国人民代表大会常务委员会第二次修正后发布的《中华人民共和国广告法》第十七条：除医疗、药品、医疗器械广告外，禁止其他任何广告涉及疾病治疗功能，并不得使用医疗用语或者易使推销的商品与药品、医疗器械相混淆的用语。

64. 营养成分功能声称用语可以修改吗？

不可以。营养成分功能声称用语必须完全按照GB 28050—2011《食品安全国家标准　预包装食品营养标签通则》附录D的标准用语进行标注。不应对功能声称用语进行任何形式的删改、添加和合并。例如不能标示为“铁是血红细胞形成的重要成分和必需元素。”，而应标示为“铁是血红细胞形成的重要成分。铁是血红细胞形成的必需元素。”

延伸阅读

GB 28050—2011《食品安全国家标准　预包装食品营养标签通则》及其问答（修订版）规定，营养成分功能声称是指某营养成分可以维持人体正常生长、发育和正常生理功能等作用的声称。

营养成分功能声称标准用语不得删改、添加和合并，更不能任意编写。例如，如果产品声称高钙，可选择本标准中给出的1条或多条功能声称用语，但不能删改、添加和合并。如同时使用钙的两条功能声称用语，正确的使用方法举例如下：

（1）钙是骨骼和牙齿的主要成分，并维持骨骼密度。钙有助于骨骼和牙齿更坚固。

（2）钙是人体骨骼和牙齿的主要组成成分，许多生理功能也需要钙的参与。钙有助于骨骼和牙齿的发育。

使用营养成分功能声称用语，必须同时在营养成分表中标示该营养成分的含量及占NRV的百分比，并满足营养声称的条件和要求。

营养成分功能声称可以在标签的任意位置。但其字号不得大于食品名称和商标。

65. 婴幼儿谷类辅助食品中益生菌的添加量及其含量声称的要求有哪些？

（1）依据GB 10769—2010《食品安全国家标准　婴幼儿谷类辅助食品》，婴幼儿谷物辅助食品中添加益生菌时，产品中活性益生菌的活菌数应≥10^6CFU/g（mL）。

（2）当营养成分的含量标示值符合GB 28050—2011《食品安全国家标准　预包装食品营养标签通则》附录C的规定时可以进行相应的含量声称，标准中未涉及的不可以进行声称。但该生产中益生菌是作为食品配料而非营养素，所以益生菌不能进行含量声称，只能依据GB 7718—2011《食品安全国家标准　预包装食品标签通则》进行配料的定量标示。

延伸阅读

GB 7718—2011《食品安全国家标准　预包装食品标签通则》规定了预包装食品（包括特殊膳食用食品）标签的基本标示要求。GB 13432—2013《食品安全国家标准　预包装特殊膳食用食品标签》规定了特殊膳食用食品标签中具有特殊性的标识要求。

预包装特殊膳食用食品标签应按照GB 7718—2011《食品安全国家标准　预包装食品标签通则》和GB 13432—2013《食品安全国家标准　预包装特殊膳食用食品标签》执行。对于符合GB 13432—2013《食品安全国家标准　预包装特殊膳食用食品标签》含量声称要求的预包装特殊膳食用食品，如果对能量和（或）营养成分进行功能声称，其功能声称用语应选择GB 28050—2011《食品安全国家标准　预包装食品营养标签通则》中规定的功能声称标准用语。对于GB 28050—2011中没有列出的功能声称，应提供其他国家和（或）国际组织允许在特殊膳食用食品中使用的功能声称用语及依据，并应符合其法规的条件和要求。

66. 运动营养食品的营养标签应如何标示？

依据GB 13432—2013《食品安全国家标准　预包装特殊膳食用食品标签》4.3.1的要求：营养成分表应以“方框表”的形式标示能量、蛋白质、脂肪、碳水化合物和钠，以及相应产品标准中要求的其他营养成分及其含量。方框可为任意尺寸，并与包装的基线垂直，表题为“营养成分表”。如果产品根据相关法规或标准，添加了可选择性成分或强化了某些物质，则还应标示这些成分及其含量。

此外，依据GB 13432—2013《食品安全国家标准　预包装特殊膳食用食品标签》（修订版）问答第十条，对运动营养食品营养成分表中的能量和营养成分标示的名称、顺序、单位、修约间隔等内容不作强制要求，企业应在参考相关标准的基础上真实、客观标示。

延伸阅读

对于营养强化剂也有相应的法规要求。依据GB 24154—2015《食品安全国家标准　运动营养食品通则》4.7.2，产品允许添加的营养强化剂及其含量（以每日计）应符合该标准表A.1中列出的营养素种类及含量（以每日计）要求，其所使用的营养强化剂化合物来源应符合GB 14880—2012《食品安全国家标准　食品营养强化剂使用标准》附录C的要求。

依据GB 13432—2013《食品安全国家标准　预包装特殊膳食用食品标签》，运动营养食品的营养成分表可按照每100g（克）和（或）每100mL（毫升）和（或）每份食品可食部中的具体数值来标示。当用份标示时，应标明每份食品的量，份的大小可依据食品的特点或推荐量规定。

另外，依据GB 13432—2013《食品安全国家标准　预包装特殊膳食用食品标签》问答（修订版）第十一条，仅允许使用“具体数值”的形式标示能量和营养成分含量。

67. 运动营养食品可以进行比较声称吗？

运动营养食品不可以进行比较声称。运动营养食品属于特殊膳食用食品，依据GB 13432—2013《食品安全国家标准　预包装特殊膳食用食品标签》，特殊膳食用食品只能进行含量声称和功能声称两种声称，不可进行比较声称。

延伸阅读

依据GB 28050—2011《食品安全国家标准　预包装食品营养标签通则》，比较声称是指与消费者熟知的同类食品的营养成分含量或能量值进行比较以后的声称。声称用语包括“增加”或“减少”以及GB 28050—2011《食品安全国家标准　预包装食品营养标签通则》表C.4的同义词。

GB 28050—2011表C.4《食品安全国家标准　预包装食品营养标签通则》比较声称的同义词

标准语	同义词	标准语	同义词
增加	增加×%（×倍） 增、增×%（×倍） 加、加×%（×倍） 增高、增高（了）×%（×倍） 添加（了）×%（×倍） 多×%，提高×倍等	减少	减少×%（×倍） 减、减×%（×倍） 少、少×%（×倍） 减低、减低×%（×倍） 降×%（×倍） 降低×%（×倍）等

普通的预包装食品可以进行比较声称，如固体饮料、糖果、乳制品等类别的食品。但运动营养食品属于特殊膳食用食品，特殊膳食用食品针对不同的适用对象有不同的配方，其能量和营养成分的含量在产品标准中已有明确要求，没有必要设置比较声称。因此，GB 13432—2013《食品安全国家标准　预包装食品营养标签通则》未设置比较声称规定。

68. 特殊膳食用食品可以进行营养声称吗？

可以，特殊膳食用食品可以进行含量声称和功能声称。依据GB 13432—2013《食品安全国家标准　预包装特殊膳食用食品标签》的要求：能量或营养成分在产品中的含量达到相应产品标准的最小值或允许强化的最低值时，可进行含量声称。某营养成分在产品标准中无最小值要求或无最低强化量要求的，应提供其他国家和（或）国际组织允许对该营养成分进行含量声称的依据。含量声称用语包括“含有”“提供”“来源”“含”“有”等。

当符合含量声称要求的预包装特殊膳食用食品，可对能量和（或）营养成分进行功能声称。功能声称的用语应选择使用GB 28050—2011《食品安全国家标准　预包装食品营养标签通则》中规定的功能声称标准用语；对于该标准中没有列出功能声称标准用语的营养成分，应提供其他国家和（或）国际组织关于该物质功能声称用语的依据。

延伸阅读

依据GB 13432—2013《食品安全国家标准　预包装特殊膳食用食品标签》问答（修订版）第十三条，为指导企业正确标示，GB 13432—2013《食品安全国家标准　预包装特殊膳食用食品标签》表1收集整理了国内外关于特殊膳食用食品的含量声称要求、声称用语及法规依据。

表1　允许使用的含量声称

营养物质	含量声称用语	含量要求	可使用的产品类别
二十二碳六烯酸（DHA）	含有	≥总脂肪酸含量的0.2%	婴儿配方食品 特殊医学用途婴儿配方食品
牛磺酸	含有	≥0.8mg/100kJ	婴儿配方食品 特殊医学用途婴儿配方食品
低聚半乳糖 低聚果糖 多聚果糖 棉子糖	含有膳食纤维或单体名称	其单体或混合物的含量≥3g/100g（固态或粉状），或≥1.5g/100mL（液态），或≥1.5g/420kJ	婴幼儿配方食品 婴幼儿谷类辅助食品

注：上述声称用语同义语有：提供、来源、含、有。

69. 特殊膳食用食品是否也要符合“0界限”的规定？

GB 13432—2013《食品安全国家标准　预包装特殊膳食用食品标签》规定了特殊膳食用食品标签中具有特殊性的标识要求。

对于“0界限”企业可自愿选择是否执行。如选择执行，应按照GB 28050—2011《食品安全国家标准　预包装食品营养标签通则》中关于“0界限”的规定。

延伸阅读

特殊膳食用食品是指为满足特殊的身体或生理状况和（或）满足疾病、紊乱等状态下的特殊膳食需求，专门加工或配方的食品，主要包括婴幼儿配方食品、婴幼儿辅助食品、特殊医学用途配方食品以及其他特殊膳食用食品。这类食品的适宜人群、营养素和（或）其他营养成分的含量要求等有一定特殊性，对其标签内容如能量和营养成分、食用方法、适宜人群的标示等有特殊要求。

GB 13432—2013《食品安全国家标准　预包装食品营养标签通则》对能量和营养成分标示的名称、顺序、单位、修约间隔等不作强制要求，企业应在参考相关标准的基础上真实、客观标示。

70. 普通食品广告是否可以使用婴儿图片？

《食品广告发布暂行规定》第八条明确指出食品广告不得明示或者暗示可以替代母乳，不得使用哺乳妇女和婴儿的形象。但该《暂行规定》已于2020年3月1日废止。

目前没有关于食品广告不得使用哺乳妇女和婴儿形象的禁止性规定，但是发布广告应当符合广告法律、法规的规定，不得暗示功效，且婴儿乳制品、饮料和其他食品广告不得暗示产品可全部或者部分替代母乳。

延伸阅读

《中华人民共和国广告法》第二十条：禁止在大众传播媒介或者公共场所发布声称全部或者部分替代母乳的婴儿乳制品、饮料和其他食品广告。第二十八条：广告以虚假或者引人误解的内容欺骗、误导消费者的，构成虚假广告。

因此普通食品使用哺乳妇女或婴儿形象有混淆产品真实属性的嫌疑，且《食品安全法实施条例》中也规定了婴幼儿配方食品属于特殊食品。

因此普通食品不得使用婴儿形象来暗示产品适用于特殊人群。

71. 保健食品广告强制标示内容有哪些？

保健食品广告需强制标示内容具体如下：

（1）依据《药品、医疗器械、保健食品、特殊医学用途配方食品广告审查管理暂行办法》第七条：保健食品广告应当显著标明“保健食品不是药物，不能代替药物治疗疾病”，声明本品不能代替药物，并显著标明保健食品标志、适宜人群和不适宜人群。

（2）依据《药品、医疗器械、保健食品、特殊医学用途配方食品广告审查管理暂行办法》第九条：保健食品广告应当显著标明广告批准文号。

（3）依据《中华人民共和国广告法》第十八条：保健食品广告应当显著标明“本品不能代替药物”。

（4）依据《中华人民共和国广告法》第十四条：通过大众传播媒介发布的广告应当显著标明“广告”，与其他非广告信息相区别，不得使消费者产生误解。

延伸阅读

保健食品广告需要遵守的法规主要包括《中华人民共和国广告法》和《药品、医疗器械、保健食品、特殊医学用途配方食品广告审查管理暂行办法》等。另外，保健食品广告应当依法经过生产企业或者进口代理人所在地广告审查机关审查合格后才可发布，未经审查或审查不合格一律不得发布。

前述《药品、医疗器械、保健食品、特殊医学用途配方食品广告审查管理办法》（征求意见稿）再次进行修订，已发布征求意见，征求意见截至2023-06-18。企业应关注相关法规变化，以确保产品广告合法合规。

72. 产品声称有专利，是否需要标明专利号？

需要。依据《专利标识标注办法》第五条：标注专利标识的，应当标明下述内容：（1）采用中文标明专利权的类别，例如中国发明专利、中国实用新型专利、中国外观设计专利；（2）国家知识产权局授予专利权的专利号。除上述内容之外，可以附加其他文字、图形标记，但附加的文字、图形标记及其标注方式不得误导公众。

《中华人民共和国广告法》第十二条，广告中涉及专利产品或者专利方法的，应当标明专利号和专利种类。未取得专利权的，不得在广告中谎称取得专利权。禁止使用未授予专利权的专利申请和已经终止、撤销、无效的专利作广告。

延伸阅读

专利权有效期内和专利申请期间，都可以在产品、该产品的包装或者该产品的说明书等材料上标注专利标识，但是两种情况标注方式有所不同。

（1）专利权有效期内标注专利标识，依据《专利标识标注办法》第四条：在授予专利权之后的专利权有效期内，专利权人或者经专利权人同意享有专利标识标注权的被许可人可以在其专利产品、依照专利方法直接获得的产品、该产品的包装或者该产品的说明书等材料上标注专利标识。

在这种情况下，依据《专利标识标注办法》第五条，需要标注采用中文标明专利权的类别和国家知识产权局授予专利权的专利号。标示他人专利的，还需要取得专利权人的许可。

（2）专利申请期间标注专利标识，依据《专利标识标注办法》第七条：专利权被授予前在产品、该产品的包装或者该产品的说明书等材料上进行标注的，应当采用中文标明中国专利申请的类别、专利申请号，并标明“专利申请，尚未授权”字样。

在专利申请被驳回或者被视为撤回后仍标注专利申请标记属于不规范标注。

73. 企业获得了HACCP认证，是否可以在标签上标示HACCP认证标志？

2023年1月1日起，不得在产品、产品标签及产品内、外包装上使用HACCP认证标志。依据2021年7月国家认证认可监督管理委员会发布的新版《危害分析与关键控制点（HACCP）体系认证实施规则》的公告，第五条规定：获证组织不得在产品、产品标签及产品内、外包装上使用HACCP认证标志。但认证机构和获证组织可在认证证书、印刷品、网站和其他宣传资料中使用HACCP认证标志。使用HACCP认证标志可以等比例放大或缩小，但不应变形、变色。如其他文字或图像均为黑白，允许使用黑白标识。该公告于2023年1月1日起正式实施。因此2023年1月1日起，在产品标签上不得使用HACCP认证标志。

延伸阅读

2021年7月国家认证认可监督管理委员会发布了新版《危害分析与关键控制点（HACCP）体系认证实施规则》的公告，依据公告内容国家认证认可监督管理委员会组织将乳品生产企业HACCP体系认证与食品企业HACCP体系认证两项认证制度整合成HACCP体系认证一项认证制度，将《乳制品生产企业HACCP体系认证实施规则（试行）》（认监委2009年第16号公告）、《食品企业HACCP体系认证实施规则》（认监委2011年第35号公告）、《国家认监委关于完善“危害分析与关键控制点体系”（HACCP）认证有关要求的公告》（认监委2015年第25号公告）和《国家认监委于更新〈危害分析与关键控制点（HACCP体系）认证依据〉的公告》（认监委2018年第17号公告）以及旧版《乳制品生产企业HACCP体系认证实施规则（试行）》与《食品企业HACCP体系认证实施规则》行了整合修订。

2023年1月1日起，对新申请HACCP体系认证的企业，认证机构应按照新版《危害分析与关键控制点（HACCP）体系认证实规则》要求实施HACCP体系认证。按旧版《乳制品生产企业HACCP体系认证实施规则（试行）》与《食品企业HACCP体系认证实规则》认证的获证企业，由颁证认证机构结合监督或再认证审核活动进行转换。

74. 标签上标示“扫码赢好礼”，是否可仅标示公众号二维码，不标示活动内容？

不可以。依据2020年10月29日国家市场监督管理总局发布的《规范促销行为暂行规定》第十三条：经营者在有奖销售前，应当明确公布奖项种类、参与条件、参与方式、开奖时间、开奖方式、奖金金额或者奖品价格、奖品品名、奖品种类、奖品数量或者中奖概率、兑奖时间、兑奖条件、兑奖方式、奖品交付方式、弃奖条件、主办方及其联系方式等信息，不得变更，不得附加条件，不得影响兑奖，但有利于消费者的除外。

延伸阅读

（1）《规范促销行为暂行规定》第十三条另外规定：在现场即时开奖的有奖销售活动中，对超过五百元奖项的兑奖情况，应当随时公示。

（2）依据《规范促销行为暂行规定》第十四条：奖品为积分、礼券、兑换券、代金券等形式的，应当公布兑换规则、使用范围、有效期限以及其他限制性条件等详细内容；需要向其他经营者兑换的，应当公布其他经营者的名称、兑换地点或者兑换途径。

（3）依据2019年4月23日全国人民代表大会常务委员会修正后发布的《反不正当竞争法》第十条第一款：经营者进行有奖销售不得存在下列情形：所设奖的种类、兑奖条件、奖金金额或者奖品等有奖销售信息不明确，影响兑奖。

75. 保健食品销售包装内，除了产品和说明书，是否可投放广告单页？

投放广告单页的行为属于保健食品广告管理范畴内，《中华人民共和国食品安全法》及相应法规规定，保健食品广告内容需要经生产企业所在地省、自治区、直辖市人民政府食品安全监督管理部门审查批准，取得相应批准文件。

依据《药品、医疗器械、保健食品、特殊医学用途配方食品广告审查管理暂行办法》要求：（1）保健食品广告需显著标明广告批准文号；（2）审批的保健食品广告存在有效期的限制，保健食品广告批准文号的有效期与产品注册证明文件、备案凭证或者生产许可文件最短的有效期一致，或产品注册证明文件、备案凭证或者生产许可文件未规定有效期的，广告批准文号有效期为两年。

延伸阅读

保健食品广告除应遵守《中华人民共和国食品安全法》中相关规定，还要符合《中华人民共和国广告法》中相关条款，如第四十六条规定，保健食品广告未经有关部门的内容审查不得发布。在发布内容和发布形式上，《中华人民共和国广告法》要求，保健食品广告应当显著标明“本品不能代替药物”，保健食品不得通过介绍健康、养生知识等形式在广告电台、电视台、报刊影像出版单位、互联网信息服务提供者等方式推销，且保健食品广告不得在针对未成年人的大众传播媒介上发布。

对于近几年火热的互联网直播带货的方式，《中华人民共和国广告法》中要求的是保健食品广告不得利用代言人作推荐、证明。2023年2月25日国家市场监督管理总局发布的《互联网广告管理办法》中明确了直播营销人员以自己的名义或者形象对商品、服务作推荐、证明，构成广告代言的，应当依法承担广告代言人的责任和义务，这也对直播销售保健食品广告的形式做出了限制。

76. 食品标签瑕疵的处罚条款有哪些？

依据《中华人民共和国食品安全法》第一百二十五条第二款规定：生产经营的食品、食品添加剂的标签、说明书存在瑕疵但不影响食品安全且不会对消费者造成误导的，由县级以上人民政府食品安全监督管理部门责令改正；拒不改正的，处二千元以下罚款。

延伸阅读

依据《食品生产经营监督检查管理办法》第三十七条：监督检查中发现生产经营的食品、食品添加剂的标签、说明书存在食品安全法第一百二十五条第二款规定的瑕疵的，市场监督管理部门应当责令当事人改正。经食品生产者采取补救措施且能保证食品安全的食品、食品添加剂可以继续销售；销售时应向消费者明示补救措施。

认定标签、说明书瑕疵，应当综合考虑标注内容与食品安全的关联性、当事人的主观过错、消费者对食品安全的理解和选择等因素。有下列情形之一的，可以认定为食品安全法第一百二十五条第二款规定的标签、说明书瑕疵：

（1）文字、符号、数字的字号、字体、字高不规范，出现错别字、多字、漏字、繁体字，或者外文翻译不准确以及外文字号、字高大于中文等的。

（2）净含量、规格的标示方式和格式不规范，或者对没有特殊贮存条件要求的食品，未按照规定标注贮存条件的。

（3）食品、食品添加剂以及配料使用的俗称或者简称等不规范的。

（4）营养成分表、配料表顺序、数值、单位标示不规范，或者营养成分表数值修约间隔、“0”界限值、标示单位不规范的；

（5）对有证据证明未实际添加的成分，标注了“未添加”，但未按照规定标示具体含量的。

（6）国家市场监督管理总局认定的其他情节轻微，不影响食品安全，没有故意误导消费者的情形。

第二章

食品原料及食品添加剂常见问题

77. 什么是食品？

依据《中华人民共和国食品安全法》，食品是指各种供人食用或者饮用的成品和原料以及按照传统既是食品又是中药材的物品，但是不包括以治疗为目的的物品。

延伸阅读

GB/T 15091—1994《食品工业基本术语》对食品的定义为：可供人类食用或饮用的物质，包括加工食品、半成品和未加工食品，不包括烟草或只作药品用的物质。

为了保证食品安全，保障公众身体健康和生命安全，我国制定《中华人民共和国食品安全法》，对食品进行管理，同时还对食品安全进行定义。食品安全，指食品无毒、无害，符合应当有的营养要求，对人体健康不造成任何急性、亚急性或者慢性危害。对食品安全工作实行预防为主、风险管理、全程控制、社会共治，建立科学、严格的监督管理制度。

78. 什么是食品添加剂?

依据《中华人民共和国食品安全法》，食品添加剂是指为改善食品品质和色、香、味以及为防腐、保鲜和加工工艺的需要而加入食品中的人工合成或者天然物质，包括营养强化剂。

延伸阅读

依据GB 2760—2014《食品安全国家标准　食品添加剂使用标准》，食品添加剂是指为改善食品品质和色、香、味，以及为防腐、保鲜和加工工艺的需要而加入食品中的人工合成或者天然物质。食品用香料、胶基糖果中基础剂物质、食品工业用加工助剂也包括在内。

食品添加剂在食品中常常具有一种或多种功能，GB 2760—2014《食品安全国家标准　食品添加剂使用标准》标准列出了该食品添加剂常用的功能，包括：酸度调节剂、抗结剂、消泡剂、抗氧化剂、漂白剂、膨松剂、胶基糖果中基础剂物质、着色剂、护色剂、乳化剂、酶制剂、增味剂、面粉处理剂、被膜剂、水分保持剂、防腐剂、稳定剂、凝固剂、甜味剂、增稠剂、食品用香料、食品工业用加工助剂等类别。

79. 什么是新食品原料?

依据《新食品原料申报与受理规定》第三条：新食品原料应当具有食品原料的特性，符合应当有的营养要求，且无毒、无害，对人体健康不造成任何急性、亚急性、慢性或者其他潜在性危害。

符合上述要求且在我国无传统食用习惯的以下物品属于新食品原料的申报和受理范围：

（1）动物、植物和微生物；

（2）从动物、植物和微生物中分离的成分；

（3）原有结构发生改变的食品成分；

（4）其他新研制的食品原料。

延伸阅读

传统食用习惯，是指某种食品在省辖区域内有30年以上作为定型或者非定型包装食品生产经营的历史，并且未载入国家药典委员会编写的《中华人民共和国药典》。

依据《新食品原料申报与受理规定》第四条：以下情形不属于新食品原料的申报范围：

（1）不具有食品原料特性；（2）已列入食品安全国家标准GB 2760—2014《食品安全国家标准　食品添加剂使用标准》、GB 14880—2012《食品安全国家标准　食品营养强化剂使用标准》的；（3）国家卫生计生委已作出不予行政许可决定的；（4）其他不符合有关法律、法规规定和新食品原料管理要求的。

80. 什么是食品添加剂新品种?

依据《食品添加剂新品种管理办法》(卫生部令第73号)第二条，食品添加剂新品种是指:

(1)未列入食品安全国家标准的食品添加剂品种;

(2)未列入卫生部公告允许使用的食品添加剂品种;

(3)扩大使用范围或者用量的食品添加剂品种。

申请食品添加剂新品种生产、经营、使用或者进口的单位或者个人，应当提出食品添加剂新品种许可申请，并按照规定递交材料。

延伸阅读

依据《食品添加剂新品种管理办法》(卫生部令第73号)第四条:使用食品添加剂应当符合下列要求:

(1)不应当掩盖食品腐败变质;(2)不应当掩盖食品本身或者加工过程中的质量缺陷;(3)不以掺杂、掺假、伪造为目的而使用食品添加剂;(4)不应当降低食品本身的营养价值;(5)在达到预期的效果下尽可能降低在食品中的用量;(6)食品工业用加工助剂应当在制成最后成品之前去除，有规定允许残留量的除外。

81. 什么是保健食品？

依据GB 16740—2014《食品安全国家标准　保健食品》，保健食品是指声称具有保健功能或者以补充维生素、矿物质等营养物质为目的的食品。即适宜于特定人群食用，具有调节机体功能，不以治疗疾病为目的，并且对人体不产生任何急性、亚急性或慢性危害的食品。

延伸阅读

为指导保健食品警示用语标注，使消费者更易于区分保健食品与普通食品、药品，引导消费者理性消费，国家市场监管总局发布《保健食品标注警示用语指南》。

保健食品标签设置警示用语区及警示用语，即“保健食品不是药物，不能代替药物治疗疾病。”

2022年3月，国家市场监管总局公开征求《关于加强保健食品标志管理的公告（征求意见稿）》，再次明确规定保健食品最小销售包装应标注保健食品标志（俗称“小蓝帽”）以及其他管理要求。

82. 什么是保健食品注册和保健食品备案?

依据2016年2月26日国家食品药品监督管理总局令第22号公布，根据2020年10月23日国家市场监督管理总局令第31号修订的《保健食品注册与备案管理办法》规定：

保健食品注册，是指市场监督管理部门根据注册申请人申请，依照法定程序、条件和要求，对申请注册的保健食品的安全性、保健功能和质量可控性等相关申请材料进行系统评价和审评，并决定是否准予其注册的审批过程。

保健食品备案，是指保健食品生产企业依照法定程序、条件和要求，将表明产品安全性、保健功能和质量可控性的材料提交市场监督管理部门进行存档、公开、备查的过程。

延伸阅读

《中华人民共和国食品安全法》对保健食品注册及备案的要求如下：

第七十六条 使用保健食品原料目录以外原料的保健食品和首次进口的保健食品应当经国务院食品安全监督管理部门注册。但是，首次进口的保健食品中属于补充维生素、矿物质等营养物质的，应当报国务院食品安全监督管理部门备案。其他保健食品应当报省、自治区、直辖市人民政府食品安全监督管理部门备案。

进口的保健食品应当是出口国（地区）主管部门准许上市销售的产品。

第七十七条 依法应当注册的保健食品，注册时应当提交保健食品的研发报告、产品配方、生产工艺、安全性和保健功能评价、标签、说明书等材料及样品，并提供相关证明文件。国务院食品安全监督管理部门经组织技术审评，对符合安全和功能声称要求的，准予注册；对不符合要求的，不予注册并书面说明理由。对使用保健食品原料目录以外原料的保健食品作出准予注册决定的，应当及时将该原料纳入保健食品原料目录。

依法应当备案的保健食品，备案时应当提交产品配方、生产工艺、标签、说明书以及表明产品安全性和保健功能的材料。

83. 什么是婴幼儿配方食品？

目前，我国婴幼儿配方食品系列标准包括GB 10765—2021《食品安全国家标准 婴儿配方食品》、GB 10766—2021《食品安全国家标准 较大婴儿配方食品》、GB 10767—2021《食品安全国家标准 幼儿配方食品》，上述标准中对婴儿配方食品、较大婴儿配方食品、幼儿配方食品定义如下：

婴儿配方食品：适用于正常婴儿食用，其能量和营养成分能满足0～6月龄婴儿正常营养需要的配方食品。

较大婴儿配方食品：适用于正常较大婴儿食用，其能量和营养成分能满足6～12月龄较大婴儿部分营养需要的配方食品。

幼儿配方食品：以乳类及乳蛋白制品和（或）大豆及大豆蛋白制品为主要蛋白质来源，加入适量的维生素、矿物质和（或）其他原料，仅用物理方法生产加工制成的产品。适用于幼儿食用，其能量和营养成分能满足正常幼儿的部分营养需要。适用于12～36月龄幼儿食用。

延伸阅读

2023年7月10日国家市场监督管理总局发布的《婴幼儿配方乳粉产品配方注册管理办法》规定，声称生乳、原料乳粉等原料来源的，应当如实标明具体来源地或者来源国，不得使用“进口奶源”“源自国外牧场”“生态牧场”“进口原料”等模糊信息。

声称应当注明婴幼儿配方乳粉适用月龄，可以同时使用“1段、2段、3段”的方式标注。

84. 什么是特殊医学用途配方食品？

依据GB 29922—2013《食品安全国家标准　特殊医学用途配方食品通则》，特殊医学用途配方食品是为了满足进食受限、消化吸收障碍、代谢紊乱或特定疾病状态人群对营养素或膳食的特殊需要，专门加工配制而成的配方食品。该类产品必须在医生或临床营养师指导下，单独食用或与其他食品配合食用。

延伸阅读

特殊医学用途配方食品属于特殊膳食用食品。当目标人群无法进食普通膳食或无法用日常膳食满足其营养需求时，特殊医学用途配方食品可以作为一种营养补充途径，对其治疗、康复及机体功能维持等方面起着重要的营养支持作用。此类食品不是药品，不能替代药物的治疗作用，产品也不得声称对疾病的预防和治疗功能。

GB 29922—2013《食品安全国家标准　特殊医学用途配方食品通则》附录中列出了目前临床需求量大、有一定使用基础的13种常见特定全营养配方食品。

2022年12月20日国家市场监管总局发布《特殊医学用途配方食品标识指南》的公告，公告规定特医食品最小销售包装应标注特医食品专属标志，俗称“小蓝花”。

85. 什么是辅食营养补充品?

依据GB 22570—2014《食品安全国家标准　辅食营养补充品》，辅食营养补充品指一种含多种微量营养素（维生素和矿物质等）的补充品，其中含或不含食物基质和其他辅料，添加在6～36月龄婴幼儿即食辅食中食用，也可用于37～60月龄儿童。目前常用的形式有：辅食营养素补充食品、辅食营养素补充片、辅食营养素撒剂。

延伸阅读

依据我国相关标准和国际食品法典标准分类，辅食营养补充品属于“特殊膳食用食品”类别，其标签应当符合GB 13432—2013《食品安全国家标准　预包装特殊膳食用食品标签》规定。

GB 2760—2014《食品安全国家标准　食品添加剂使用标准》食品分类中，辅食营养补充品属于13.05“其他特殊膳食用食品”，不属于13.01“婴幼儿配方食品”，其食品添加剂的使用应当符合该标准规定。

86. 什么是素食产品？

目前可查询到的素食相关内容均为企业自制产品标准。2021年10月，中国轻工业联合会发布关于对《素肉制品术语与分类》国家标准公开征求意见的函，截止时间为2021年12月19日。其中，素肉制品又称素肉、仿肉制品，是以植物蛋白（如豆类蛋白、谷物蛋白、油料蛋白、藻类蛋白等）或微生物蛋白（真菌蛋白等）为主要原料，添加或不添加辅料、食品添加剂、食品营养强化剂，经加工而成的具有类似肉制品外观、质地、营养、风味和色泽的食品。

目前市面上的相关产品，多为以大豆或大豆蛋白为主要原料的素肉产品，此类产品名称中含有素字样，如“素肠”“素肉”等，但产品执行标准多为GB 2712—2014《食品安全国家标准　豆制品》或SB/T 10649—2012《大豆蛋白制品》等。

此类产品名称多为“仿xx”“人造xx”或“素xx”，因为《食品标识管理规定》中规定以动、植物食物为原料，采用特定的加工工艺制作，用以模仿其他生物的个体、器官、组织等特征的食品，应当在名称前冠以“人造”“仿”或者“素”等字样，并标注该食品真实属性的分类（类属）名称。

延伸阅读

依据GB 7718—2011《食品安全国家标准　预包装食品标签通则》问答（修订版）第十九条：反映食品真实属性的专用名称通常是指国家标准、行业标准、地方标准中规定的食品名称或食品分类名称。若上述名称有多个时，可选择其中的任意一个，或不引起歧义的等效的名称；在没有标准规定的情况下，应使用能够帮助消费者理解食品真实属性的常用名称或通俗名称。能够反映食品本身固有的性质、特性、特征，具有明晰产品本质、区分不同产品的作用。

87. 什么是食药物质？

食药物质是指列入2002年2月28日卫生部发布的《既是食品又是药品的物品名单》中的物质，如丁香、八角茴香等。目前正式列入食药物质名单中的共93种。依据此前卫生部发布的《既是食品又是药品的物品名单》，其中共有87种物质。此外，2019年，国家卫生健康委员会发布了《关于当归等6种新增按照传统既是食品又是中药材的物质公告》（2019年第8号），又批准了6种食药物质，包括当归、山柰、西红花、草果、姜黄、荜茇。

依据国家卫生健康委员会发布的《关于对党参等9种物质开展按照传统既是食品又是中药材的物质管理试点工作的通知》（国卫食品函〔2019〕311号），将党参、肉苁蓉、铁皮石斛、西洋参、黄芪、灵芝、山茱萸、天麻、杜仲叶这9种物质进行试点。

延伸阅读

《按照传统既是食品又是中药材的物质目录管理规定》规定了食药物质的定义范围、安全性评价程序和要求、风险监测和动态管理制度等，明确省级卫生健康行政部门提出扩增或调整食药物质目录的建议等内容，《规定》要求提出修订或增补食药物质目录建议时，应提供下列材料：

（1）物质的基本信息(中文名、拉丁学名、所属科名、食用部位等)。

（2）传统作为食品的证明材料（证明已有30年以上作为食品食用的历史）。

（3）加工和食用方法等资料。

（4）安全性评估资料。

（5）执行的质量规格和食品安全指标。

88. 进口食品与国产食品的要求有哪些不同？

产品标准方面：依据《中华人民共和国食品安全法》，进口食品与国产食品均应当符合我国食品安全国家标准。

标签方面：进口预包装食品应当有中文标签，应标示原产国或原产地区的名称，以及在中国依法登记注册的代理商、进口商或经销者的名称、地址和联系方式；可不标示生产者的名称、地址和联系方式。原有外文的生产者的名称地址等不需要翻译成中文，可免于标示相关产品标准代号和质量（品质）等级。进口预包装食品应依据保质期和最佳食用日期，以加贴、补印等方式如实标示生产日期。

境外生产企业及进口商方面：境外生产企业应依法实施注册，食品进口商应当向其住所地海关备案，食品进口商应当建立食品进口和销售记录制度，如实记录食品的名称、规格、数量、生产日期、生产或者进口批号、保质期、出口商名称及其联系方式、购货者名称及其联系方式、交货日期等内容；食品进口和销售记录不得涂改、伪造，其保存期限不得少于2年。

延伸阅读

《中华人民共和国食品安全法》第九十二条：

进口的食品、食品添加剂、食品相关产品应当符合我国食品安全国家标准。

进口的食品、食品添加剂应当经出入境检验检疫机构依照进出口商品检验相关法律、行政法规的规定检验合格。

进口的食品、食品添加剂应当按照国家出入境检验检疫部门的要求随附合格证明材料。

89. 进口保健食品与国产保健食品的区别有哪些?

根据《保健食品注册与备案管理办法》要求:

(1)申请人资质要求不同:国产保健食品注册申请人应当是在中国境内登记的法人或者其他组织;进口保健食品注册申请人应当是上市保健食品的境外生产厂商。

国产保健食品的备案人应当是保健食品生产企业,原注册人可以作为备案人;进口保健食品的备案人,应当是上市保健食品境外生产厂商。

(2)注册号格式不同:国产保健食品注册号格式为:国食健注G+4位年代号+4位顺序号;进口保健食品注册号格式为:国食健注J+4位年代号+4位顺序号。

国产保健食品备案号格式为:食健备G+4位年代号+2位省级行政区域代码+6位顺序编号;进口保健食品备案号格式为:食健备J+4位年代号+00+6位顺序编号。

(3)备案部门不同:进口保健食品,需向国家市场监督管理总局备案;国产保健食品,需向省、自治区、直辖市市场监督管理部门备案。

(4)标签要求不同:除法规要求的标签强制性要求外,进口保健食品的内、外包装上应标注在华注册编号或者所在国家(地区)主管当局批准的注册编号。进口保健食品的标签必须印制在最小销售包装上,不得加贴。

延伸阅读

《保健食品注册与备案管理办法》中对国产和进口保健食品分别作出了详细的要求,对申请人资质、注册号格式以及备案部门等方面的要求有很大不同。

90. “酱油”和“食醋”有哪些管理要求?

为了加强酱油和食醋质量安全监督管理，国家市场监督管理总局在2021年发布《关于加强酱油和食醋质量安全监督管理的公告》，规定酱油和食醋产品应当真实合法标注食品标识，在标签醒目位置清晰标注“酱油”“食醋”等标准规定名称，真实准确标注各种食品原料和食品添加剂。不符合酱油和食醋食品安全国家标准的调味品，不得标注“酱油”“食醋”名称或类别。酱油和食醋生产企业不得再生产销售标示为“配制酱油”“配制食醋”的产品等要求。

该公告还要求各级市场监管部门依法查处使用酸水解植物蛋白调味液等原料配制生产酱油、使用冰醋酸等原料配制生产食醋、产品标识虚假标注等违法行为，严厉打击使用工业盐、工业醋酸等非食用物质生产食品的违法行为。

延伸阅读

依据GB 2717—2018《食品安全国家标准　酱油》，酱油是以大豆和/或脱脂大豆、小麦和/或小麦粉和/或麦麸为主要原料，经微生物发酵制成的具有特殊色、香、味的液体调味品。酱油生产应当具有完整的发酵酿造工艺，不得使用酸水解植物蛋白调味液等原料配制生产酱油。

依据GB 2719—2018《食品安全国家标准　食醋》，食醋是单独或混合使用各种含有淀粉、糖的物料、食用酒精，经微生物发酵酿制而成的液体酸性调味品。食醋生产应当具有完整的发酵酿造工艺，不得使用冰醋酸等原料配制生产食醋。

91. 产品设计配方时，如何考虑食品营养强化剂的用量？

食品营养强化剂的使用应符合GB 14880—2012《食品安全国家标准　食品营养强化剂使用标准》要求，该标准在制定时便考虑了本底的含量、人群营养状况及食物消费情况等。所以在产品设计配方时，食品营养强化剂的添加量应满足GB 14880—2012《食品安全国家标准　食品营养强化剂使用标准》的要求。营养成分表中标示的是检测值，而不是添加值，但应确保食品营养强化剂的使用实事求是，充分考虑产品的本底带入等因素。

延伸阅读

依据GB 14880—2012《食品营养强化剂使用标准》问答（修订版），本标准规定的食品营养强化剂的使用量，指的是在生产过程中允许的实际添加量，该使用量是考虑到所强化食品中营养素的本底含量、人群营养状况及食物消费情况等因素，依据风险评估的基本原则而综合确定的。

鉴于不同食品原料本底所含的各种营养素含量差异性较大，而且不同营养素在产品生产和货架期的衰减和损失也不尽相同，所以强化的营养素在终产品中的实际含量可能高于或低于本标准规定的该营养强化剂的使用量。

为保证居民均衡的营养素摄入，方便营养调查，有效预防营养素摄入不足和过量，依据GB 28050—2011《食品安全国家标准　预包装食品营养标签通则》，使用了营养强化剂的预包装食品，在营养成分表中还应标示强化后食品中该营养成分的含量值及其占营养素参考值（NRV）的百分比。因此GB 28050—2011《食品安全国家标准　预包装食品营养标签通则》与GB 14880—2012《食品安全国家标准　食品营养强化剂使用标准》配合使用，既有利于营养成分的合理强化，又保证了终产品中营养素含量的真实信息和消费者的知情权。

92. 必须使用食品级原料生产食品添加剂吗?

对于食品添加剂使用原料级别问题，原卫生部办公厅在2011年发布的《关于食品添加剂使用原料级别问题的复函》规定，食品添加剂产品标准属于食品安全国家标准。

凡食品添加剂产品标准中对原料级别作出规定的，食品添加剂生产企业必须使用相应级别或质量更高的原料；对原料级别未作具体规定的，食品添加剂生产企业可自行选择原料级别，食品添加剂生产工艺和产品应当符合食品安全国家标准。

延伸阅读

原食品药品监管总局办公厅在2016年发布《关于食品添加剂羟丙基甲基纤维素有关问题的复函》，再次明确食品添加剂使用原料级别要求。

为达到食品添加剂本身的储运和标准化目标，可以在食品添加剂中添加少量GB 2760—2014《食品安全国家标准　食品添加剂使用标准》中允许使用的食品添加剂和/或食品原料作为辅料，这些辅料不应在最终产品中发挥功能作用。

93. 如何理解同一功能的食品添加剂在混合使用时，各自用量占其最大使用量的比例之和不应超过1的规定？

GB 2760—2014《食品安全国家标准　食品添加剂使用标准》中A.2条规定，表A.1列出的同一功能的食品添加剂（相同色泽着色剂、防腐剂、抗氧化剂）在混合使用时，各自用量占其最大使用量的比例之和不应超过1。

以下情况不受本条约束：（1）不同色泽的着色剂共同使用时；（2）本条所列功能外的其他功能的食品添加剂共同使用时；（3）具有多种功能的食品添加剂在不使用其着色剂、防腐剂和抗氧化剂功能时；（4）不具有同一功能或具有同一功能但没有相同使用范围的食品添加剂。

延伸阅读

本条是对标准中列出的同一功能的食品添加剂，包括相同色泽着色剂、防腐剂和抗氧化剂在同一食品中混合使用时的特殊规定，且仅此3类功能的食品添加剂依此规定。

例如 抗氧化剂丁基羟基茴香醚（BHA）和二丁基羟基甲苯（BHT），均可使用于06.07方便米面制品，最大使用量均为0.2g/kg，假设BHA和BHT同时使用在06.07方便米面制品中，实际添加量分别为a（g/kg）和b（g/kg），可套用简化公示（$m+n$）/m'≤1，则按照本条要求，应满足：（$a+b$）/0.2≤1，即，如a为0.1，则b不能超过0.1；如a为0.19，则b不能超过0.01。

94. 焦磷酸钠在食品中的使用量以磷酸根计，如何折算？

焦磷酸钠中含有的是焦磷酸根（$P_2O_7^{4-}$），无法直接以磷酸根（PO_4^{3-}）进行计算，因此，下面举例说明应如何进行折算。

例 焦磷酸钠在再制干酪中的使用量为20g/kg，是否合规？

答 依据GB 2760—2014《食品安全国家标准　食品添加剂使用标准》，磷酸根在再制干酪中的最大使用量如下表所示：

表　磷酸根在再制干酪中的最大使用量情况

食品分类号	食品名称	最大使用量/（g/kg）	备注
01.06.04	再制干酪	14.0	可单独或混合使用，最大使用量以磷酸根（PO_4^{3-}）计

首先计算出焦磷酸钠（$Na_4P_2O_7$）中焦磷酸根（$P_2O_7^{4-}$）的含量x：

$$x=\frac{173.94}{265.9}\times 20\text{g/kg}\approx 13.1\text{g/kg}$$

GB 5009.256—2016《食品安全国家标准　食品中多种磷酸盐的测定》中规定焦磷酸根与磷酸根的换算系数为1.092，因此换算出磷酸根的含量y为：

$$y=13.1\text{g/kg}\times 1.092\approx 14.3\text{g/kg}$$

因此，若焦磷酸钠在再制干酪中的添加量为20g/kg，则折算为磷酸根的使用量为14.3g/kg，超出最大使用量14.0g/kg，不合规。

延伸阅读

GB 5009.256—2016《食品安全国家标准　食品中多种磷酸盐的测定》中列出了各种聚磷酸根换算为正磷酸根的换算系数。

换算公式应为：正磷酸根含量=聚磷酸根含量×换算系数F。

95. 使用甜菊糖苷时甜菊醇当量如何计算?

甜菊糖苷中可能含有甜菊苷、瑞鲍迪苷A、瑞鲍迪苷B、瑞鲍迪苷C、瑞鲍迪苷D、瑞鲍迪苷F、杜克苷A、甜茶苷和甜菊双糖苷九种糖苷。由于这9种糖苷的分子质量各不相同，GB 2760—2014《食品安全国家标准　食品添加剂使用标准》中规定的甜菊糖苷在各个食品类别中的最大使用量以甜菊醇当量计。

延伸阅读

甜菊醇的相对分子质量为318，9种糖苷与甜菊醇当量的转化系数如下表所示（数据来源于欧盟关于食品添加剂甜菊糖苷的质量规格标准）。

表　9种糖苷与甜菊醇当量的转化系数

糖苷	分子式	相当于甜菊醇当量的倍数
甜菊苷	$C_{38}H_{60}O_{18}$	0.40
瑞鲍迪苷A	$C_{44}H_{70}O_{23}$	0.33
瑞鲍迪苷B	$C_{38}H_{60}O_{18}$	0.40
瑞鲍迪苷C	$C_{44}H_{70}O_{22}$	0.34
瑞鲍迪苷D	$C_{50}H_{80}O_{28}$	0.29
瑞鲍迪苷F	$C_{43}H_{68}O_{22}$	0.34
杜克苷A	$C_{38}H_{60}O_{17}$	0.40
甜茶苷	$C_{32}H_{50}O_{13}$	0.50
甜菊双糖苷	$C_{32}H_{50}O_{13}$	0.50

例如　本标准中规定甜菊糖苷在07.02糕点中的最大使用量为0.33g/kg（以甜菊醇当量计），某种甜菊糖苷中含有90%瑞鲍迪苷A和5%瑞鲍迪苷B，则该甜菊糖苷在糕点中的最大使用量为1.04g/kg，具体计算公式如下：

$$\frac{0.33\text{g/kg}}{90\% \times 0.33+5\% \times 0.40} \approx 1.04\text{g/kg}$$

96. 牛乳来源的磷脂是否可以使用？

牛乳来源磷脂的使用可以按照GB 2760—2014《食品安全国家标准　食品添加剂使用标准》中关于磷脂的规定执行。

延伸阅读

GB 1886.358—2022《食品安全国家标准　食品添加剂　磷脂》适用于以大豆、葵花籽、油菜籽等植物油籽料或其加工副产物为主要原料，经脱水、脱杂、脱色或脱脂等工序，或以蛋黄为主要原料经提取、精制等工序制得的食品添加剂磷脂。

商品化的食品添加剂磷脂产品应以符合本标准的磷脂为原料，可含有用于商品化目的的食用植物油、麦芽糊精、酪蛋白、单，双甘油脂肪酸酯、辛，癸酸甘油酯、辛烯基琥珀酸淀粉钠、碳酸三钙、二氧化硅和维生素E等。

商品化的食品添加剂磷脂产品的丙酮不溶指标应符合产品相应标识值的要求。

2020年10月，国家卫生健康委员会发布了《食品安全国家标准　食品添加剂　磷脂（牛奶来源）》（征求意见稿），但目前尚无最新进展。

97. 餐饮服务提供者使用食品添加剂有哪些管理要求？

2023年3月，国家市场监督管理总局发布《关于进一步规范餐饮服务提供者食品添加剂管理的公告》规定，餐饮服务提供者使用食品添加剂的，应当在技术上确有必要，并在达到预期效果的前提下尽可能降低在食品中的使用量；严格按照GB 2760—2014《食品安全国家标准　食品添加剂使用标准》规定的食品添加剂使用原则、允许使用品种、使用范围以及最大使用量或残留量，规范食品添加剂管理。餐饮服务企业使用食品添加剂的，应当将食品添加剂管理情况作为日管控、周排查、月调度的重要内容。

延伸阅读

餐饮服务提供者应当严格执行GB 31654—2021《食品安全国家标准　餐饮服务通用卫生规范》规定，制定并实施食品添加剂采购控制要求，采购依法取得资质的供货者生产经营的食品添加剂，采购时按规定查验并留存供货者的资质证明复印件。应当按照GB 31654—2021《食品安全国家标准　餐饮服务通用卫生规范》规定，设专柜（位）贮存食品添加剂，标注“食品添加剂”字样，并与食品、食品相关产品等分开存放。按照先进、先出、先用的原则使用食品添加剂。存在感官性状异常、超过保质期等情形的，应当及时清理。

餐饮服务提供者使用GB 2760—2014《食品安全国家标准　食品添加剂使用标准》有最大使用量规定的食品添加剂，应当采用称量等方式定量使用。使用GB 2760—2014《食品安全国家标准　食品添加剂使用标准》规定按生产需要适量使用品种以外的食品添加剂的，应当记录食品名称、食品数量、加工时间以及使用的食品添加剂名称、生产日期或批号、使用量、使用人等信息。用容器盛放开封后的食品添加剂的，应当在容器上标明食品添加剂名称、生产日期或批号、使用期限，并保留食品添加剂原包装。开封后的食品添加剂应当避免受到污染。使用食品添加剂，不应当掩盖食品腐败变质；不应当掩盖食品本身或加工过程中的质量缺陷或以掺杂、掺假、伪造为目的而使用食品添加剂。餐饮服务提供者不应当采购、贮存、使用亚硝酸盐等国家禁止在餐饮业使用的食品添加剂品种。

98. 特殊食品和特殊膳食用食品的区别?

《中华人民共和国食品安全法》中规定特殊食品包括保健食品、特殊医学用途配方食品和婴幼儿配方食品。

GB 13432—2013《食品安全国家标准　预包装特殊膳食用食品标签》中对特殊膳食用食品的定义为“为满足特殊的身体或生理状况和（或）满足疾病、紊乱等状态下的特殊膳食需求，专门加工或配方的食品。”

其中标准附录A中明确特殊膳食用食品包括：

（1）婴幼儿配方食品。

（2）婴幼儿辅助食品。

（3）特殊医学用途配方食品（特殊医学用途婴儿配方食品涉及的品种除外）。

（4）除上述类别外的其他特殊膳食用食品（包括辅食营养补充品、运动营养食品，以及其他具有相应国家标准的特殊膳食用食品）。

延伸阅读

保健食品、特殊医学用途配方食品、婴幼儿配方食品的特殊表现在国家对其实施严格的管理，生产特殊食品应先报食品安全监督管理部门注册或备案，然后依据各类别食品生产许可审核细则获得食品生产许可证之后展开生产。生产企业应当按照注册或者备案的产品配方、生产工艺等技术要求组织生产。

其他特殊膳食用食品如婴幼儿辅助食品、运动营养食品、辅助营养补充品以及其他具有相应国家标准的特殊膳食用食品，我国对其并无注册或备案的要求，申请生产许可证之后即可展开生产，产品标签应该符合GB 13432—2013《食品安全国家标准　预包装特殊膳食用食品标签》及相应的产品标准中的要求。

99. 乳酸菌饮料和乳酸菌风味饮料有何区别？

乳酸菌风味饮料≠乳酸菌饮料，然而企业在宣传产品时经常将“乳酸菌风味饮料”和“乳酸菌饮料”混合宣传，误导消费者将乳酸菌风味饮料认为是乳酸菌饮料，而实际上两者存在很大的差异。

依据GB/T 10789—2015《饮料通则》，“乳酸菌饮料”属于“含乳饮料”，其定义为“以乳或乳制品为原料，添加或不添加其他食品原辅料和（或）食品添加剂，经加工或发酵制成的制品”；而“乳酸菌风味饮料”属于“风味饮料”，其定义为“以糖（包括食糖和淀粉糖）和（或）甜味剂、酸度调节剂、食用香精（料）等的一种或者多种作为调整风味的主要手段，经加工或发酵制成的液体饮料”。另外，GB/T 21732—2008《含乳饮料》中列出了更加详细的“乳酸菌饮料”的定义，其定义为“以乳或乳制品为原料，经乳酸菌发酵制得的乳液中加入水，以及白砂糖和（或）甜味剂、酸味剂、果汁、茶、咖啡、植物提取液等的一种或几种调制而成的饮料”。

从上述分类和定义均可看出“乳酸菌饮料”和“乳酸菌风味饮料”虽然名称差不多，但使用的配料却差别很大，企业在广告宣传时应特别注意用词，避免误导和质疑。

延伸阅读

“乳酸菌饮料”的执行标准通常为GB/T 21732—2008《含乳饮料》，但同时也需要符合GB 7101—2022《食品安全国家标准　饮料》的要求。而风味饮料由于没有相应的产品标准，所以“乳酸菌风味饮料”的执行标准通常为GB 7101—2022《食品安全国家标准　饮料》。除此之外，需特别注意，乳酸菌饮料应标明蛋白质的含量。

100. 特殊膳食用食品“孕妇及乳母营养补充食品”能做成片剂形式吗？

可以，依据GB 31601—2015《食品安全国家标准　孕妇及乳母营养补充食品》，孕妇及乳母营养补充食品是指添加优质蛋白质和多种微量营养素（维生素和矿物质等）制成的适宜孕妇及乳母补充营养素的特殊膳食用食品。

该标准未对产品剂型作出要求。

延伸阅读

“孕妇及乳母营养补充食品”是针对我国孕妇及乳母存在的优质蛋白质和多种微量营养素摄入不足等营养相关问题，生产加工而成的一种特殊膳食用食品。该类产品添加优质蛋白质和多种微量营养素（维生素和矿物质等），适宜孕期及哺乳期妇女的营养补充。

“孕妇及乳母营养补充食品”与市面上的“孕产妇奶粉”是不同类别的产品。“孕妇及乳母营养补充食品”是属于特殊膳食用食品类别，技术指标应符合GB 31601—2015《食品安全国家标准　孕妇及乳母营养补充食品》的要求，其标签应符合GB 13432—2013《食品安全国家标准　预包装特殊膳食用食品标签》的要求。

“孕产妇奶粉”则属于调制乳粉，应符合GB 19644—2010《食品安全国家标准　乳粉》的要求，企业可以依据GB 14880—2012《食品安全国家标准　食品营养强化剂使用标准》的要求，自愿在产品中强化某些营养素。该类产品的标签应符合GB 7718—2011《食品安全国家标准　预包装食品标签通则》和GB 28050—2011《食品安全国家标准　预包装食品营养标签通则》的要求。

101. 关于特殊膳食用食品的营养成分的允许误差范围，是否只用考虑上限值要求，不需要考虑下限值要求？

依据GB 13432—2013《食品安全国家标准　预包装特殊膳食用食品标签》，能量或营养成分的标示数值可通过产品检测或原料计算获得。在产品保质期内，能量和营养成分的实际含量不应低于标示值的80%，并应符合相应产品标准的要求。

另外，依据GB 13432—2013《食品安全国家标准　预包装特殊膳食用食品标签》问答（修订版），对能量和营养成分标示的名称、顺序、单位、修约间隔等不作强制要求，企业应该在真实客观的基础上，综合考虑可能影响到产品营养成分波动的各项因素来确定标签值，而不能为了迁就允许误差，“编造”或者“改造”数值。

延伸阅读

普通预包装食品的营养成分表数值范围标示应参考GB 28050—2011《食品安全国家标准　预包装食品营养标签通则》规定，预包装食品营养标签标示的任何营养信息，应真实、客观，不得标示虚假信息，不得夸大产品的营养作用或其他作用，同时该标准还规定了营养成分的允许误差范围。

102. 运动营养食品可以添加哪些食品添加剂？

依据GB 24154—2015《食品安全国家标准　运动营养食品通则》，产品中食品添加剂的添加可参照GB 2760—2014《食品安全国家标准　食品添加剂使用标准》中相同或相近食品类别中允许使用的添加剂种类和使用量。

延伸阅读

运动营养食品产品形态多样，因此GB 24154—2015《食品安全国家标准　运动营养食品通则》规定运动营养食品中食品添加剂的使用可参照GB 2760—2014《食品安全国家标准　食品添加剂使用标准》中相同或相近产品允许使用的品种和使用量。“相同或相近食品”是指与运动营养食品的主要原料、产品形态和生产工艺相同或相近，例如某种运动营养食品与固体饮料产品相似，其可以使用GB 2760—2014《食品安全国家标准　食品添加剂使用标准》分类系统中固体饮料及其子类中允许使用的食品添加剂；如果某种运动营养食品与糖果、饼干或果冻较为相似，则可以使用相应类别食品中允许使用的食品添加剂。如运动营养食品与固体饮料产品相似时，建议在产品标签上增加“本产品中食品添加剂按照GB 2760固体饮料类别使用”等类似说明。

运动营养食品由于原料复杂、产品形态多样可能涵盖液态、粉状、固态、半固态等各种形态，极易与普通的液体饮料、固体饮料、糖果类、糕点类、饼干类食品相混淆。但是，GB 24154—2015《食品安全国家标准　运动营养食品通则》中对于不同类型的运动营养食品的特征营养素均有明确规定，这是运动营养食品与其他食品的主要区别。

103. 运动营养食品——补充蛋白质类可以添加咖啡因吗？

不可以。依据GB 24154—2015《食品安全国家标准　运动营养食品通则》，只有耐力类的运动营养食品可以添加咖啡因，且咖啡因属于建议添加成分。

延伸阅读

依据GB 24154—2015《食品安全国家标准　运动营养食品通则》，按运动项目分类的各类产品中必须添加成分和建议添加成分应符合下表的要求。

表　运动项目分类的各类产品中必须添加与建议添加成分

成分	产品分类		
	速度力量类	耐力类	运动后恢复类
必须添加成分	肌酸	维生素B_1、维生素B_2	肽类
建议添加成分	谷氨酰胺、β-羟基-β-甲基丁酸钙、1,6-二磷酸果糖	肽类、左旋肉碱、咖啡因、维生素B_6	谷氨酰胺、L-亮氨酸、L-异亮氨酸、L-缬氨酸

咖啡因是一种黄嘌呤生物碱化合物。它主要存在于咖啡树、茶树、巴拉圭冬青（马黛茶）及瓜拉纳的果实及叶片里，而可可树、可乐果及代茶冬青树也存在少量的咖啡因。世界反兴奋剂组织（WADA）从2004年起，只对咖啡因做监控，不再列入运动员禁用物质名单。2004年，我国也不再将咖啡因列入运动员禁用物质名单。GB 24154—2015《食品安全国家标准　运动营养食品通则》将咖啡因列为耐力类运动营养食品建议添加成分，每日使用量为20~100mg。值得注意的是，即使是建议添加成分，若要使用也应该符合相应的使用量要求。

依据GB 2760—2014《食品安全国家标准　食品添加剂使用标准》，咖啡因作为食品添加剂仅可用于14.04.01可乐型碳酸饮料，最大使用量0.15g/kg（固体饮料按稀释倍数增加使用量），功能为其他。

104. 运动营养食品中的营养素有哪些规定？

运动营养食品作为特殊膳食用食品的一个重要类别，GB 24154—2015《食品安全国家标准　运动营养食品通则》规定了本类食品按特征营养素或按运动项目划分的各类产品中营养素和相关成分的含量要求。除了各类产品规定的必须添加成分外，还可以在产品中选择性添加一种或多种营养素，可选择添加的营养素种类及其含量范围要求在GB 24154—2015《食品安全国家标准　运动营养食品通则》附录A中有明确规定，值得注意的是附录A中规定的营养素含量范围是以每日食用量计算。

延伸阅读

对于运动人群，由于其特殊生理状态和营养需求往往被忽视，营养成分缺乏的问题更为严重。运动训练使胃肠道吸收率下降，同时营养成分随汗液、尿液、粪便的流失量增加，这些原因导致运动人群对多种营养成分的需要量明显高于非运动人群。

在GB 24154—2015《食品安全国家标准　运动营养食品通则》实施过程中，为解决该产品标准与GB 13432—2013《食品安全国家标准　预包装特殊膳食用食品标签》之间关于钠含量与标示的矛盾问题，标准发布机构于2021年9月7日第8号公告批准发布该标准第1号修改单，增加“对没有特别添加钠营养素的运动营养食品不做下限要求”的规定。

105. 谷胱甘肽或者谷胱甘肽酵母，可以用在固体饮料里吗？

谷胱甘肽和谷胱甘肽酵母均不可以用在固体饮料中。

（1）“谷胱甘肽”的使用没有法规依据。

（2）“谷胱甘肽酵母”并非食品营养强化剂，其使用也没有法规依据。

虽然GB/T 35882—2018《富营养素酵母》标准中列出了“谷胱甘肽酵母”，但该标准并非食品安全国家标准，标准中也没有清晰地列明其可作为普通食品原料进行使用的依据，其合规性存疑。以此标准作为使用依据存在风险。

综上所述，“谷胱甘肽”和“谷胱甘肽酵母”均不建议用在固体饮料中。

延伸阅读

目前允许使用的与“酵母”相关的食品原料/食品营养强化剂主要包括食品加工用酵母以及富硒酵母，详见下方：

（1）依据GB/T 20886.1—2021《酵母产品质量要求　第1部分：食品加工用酵母》，食品加工用酵母可分类为：发酵用酵母（面用酵母、酒用酵母）、食用酵母（活性食用酵母、非活性食用酵母）。

（2）依据GB 14880—2012《食品安全国家标准　食品营养强化剂使用标准》，富硒酵母可作为营养强化剂使用。

106. 食品工业用加工助剂可以是食品原料吗？

依据GB 7718—2011《食品安全国家标准　预包装食品标签通则》实施指南解读，加工助剂可以是食品原料，也可以是GB 2760—2011《食品安全国家标准　食品添加剂使用标准》附录C中所列的物质。

延伸阅读

依据GB 2760—2014《食品安全国家标准　食品添加剂使用标准》，食品工业用加工助剂是指保证食品加工能顺利进行的各种物质，与食品本身无关。如助滤、澄清、吸附、脱模、脱色、脱皮、提取溶剂、发酵用营养物质等。食品工业用加工助剂（简称“加工助剂”）的使用应符合GB 2760—2014《食品安全国家标准　食品添加剂使用标准》附录C的规定。

加工助剂在使用过程中，要遵循一定的原则：

（1）加工助剂应在食品生产加工过程中使用，使用时应具有工艺必要性，在达到预期目的前提下应尽可能降低使用量。

（2）加工助剂一般应在制成最终成品之前除去，无法完全除去的，应尽可能降低其残留量，其残留量不应对健康产生危害，不应在最终食品中发挥功能作用。

（3）加工助剂应该符合相应的质量规格要求。

此外，加工助剂不需要标示。

107. 硬脂酸镁能否作为食品工业用加工助剂使用？

GB 2760—2014《食品安全国家标准　食品添加剂使用标准》中硬脂酸镁仅允许作为乳化剂和抗结剂两种用途使用，硬脂酸镁没有列入该标准附录C 食品工业用加工助剂允许使用名单中。

但在2023年2月7日发布的《关于假肠膜明串珠菌等28种“三新食品”的公告》中将硬脂酸镁扩大使用范围，可作为加工助剂，功能为：润滑剂、脱模剂、防粘剂，使用范围为泡腾片压片工艺。

综上，“硬脂酸镁”已扩大使用范围，可以作为加工助剂添加合规使用。

延伸阅读

GB 2760—2014《食品安全国家标准　食品添加剂使用标准》中食品工业用加工助剂定义为“保证食品加工能顺利进行的各种物质，与食品本身无关。如助滤、澄清、吸附、脱模、脱色、脱皮、提取溶剂、发酵用营养物质等。”

“附录C 食品工业用加工助剂使用规定”中规定了食品工业用加工助剂的使用原则和使用规定。其使用原则为加工助剂应在食品生产加工过程中使用，使用时应具有工艺必要性，在达到预期目的前提下应尽可能降低使用量；并且加工助剂一般应在制成最终成品之前除去，无法完全除去的，应尽可能降低其残留量，其残留量不应对健康产生危害，不应在最终食品中发挥功能作用；加工助剂应该符合相应的质量规格要求。

108. 过氧化氢可以作为食品工业用加工助剂用于鸡爪的加工过程吗？

在鸡爪的生产加工过程中加入过氧化氢的主要目的是在产品中发挥漂白剂和防腐剂的功能，用于改善产品的色泽和延长产品的储存期，这种使用情况不符合加工助剂的定义和使用原则。

因此，过氧化氢不能作为加工助剂用于鸡爪的加工过程。

延伸阅读

依据GB 2760—2014《食品安全国家标准　食品添加剂使用标准》规定，加工助剂是保证食品加工能顺利进行的各种物质，与食品本身无关，且规定了加工助剂的使用原则。过氧化氢是本标准中规定的加工助剂，其使用应符合其使用原则。

原食品药品监督总局办公厅在2015年10月发布《关于使用加工助剂过氧化氢有关问题的复函》，明确规定鸡爪的加工过程中不得使用过氧化氢作为加工助剂。

109. 食品添加剂的理化指标中铅和重金属（以铅计）的区别是什么？

两者的含义并不同。铅是指铅的含量，而重金属（以铅计）是因为有很多不同的重金属元素，且很难分别计算，所以重金属（以铅计）是指将铅作为标准计量单位，将结果中所有重金属的量都折算成铅的量来标示。

延伸阅读

两个指标应使用的检测方法也分别需遵照不同的标准来实施。铅的检测方法应参考GB 5009.12—2017《食品安全国家标准　食品中铅的测定》或GB 5009.75—2014《食品安全国家标准　食品添加剂中铅的测定》。前者规定了共4种食品中铅含量的测定方法，分别为石墨炉原子吸收光谱法、电感耦合等离子体质谱法、火焰原子吸收光谱法和二硫腙比色法，这4种方法适用于各类食品中铅含量的测定。后者则规定了食品添加剂中铅的限量试验方法和定量试验方法，共2种，分别为二苯基硫巴腙（双硫腙）比色法和石墨炉原子吸收光谱法。

而重金属（以铅计）的检测方法则参考GB 5009.74—2014《食品安全国家标准　食品添加剂中重金属限量试验》，该标准规定了食品添加剂中重金属的限量试验方法，仅1种方法，即在弱酸性（pH 3～4）条件下，试样中的重金属离子与硫化氢作用，生成棕黑色，与同法处理的铅标准溶液比较，做限量试验。

110. 金、银箔粉是食品添加剂吗?

依据2022年1月29日，国家市场监督管理总局、国家卫生健康委员会、海关总署联合下发的《关于依法查处生产经营含金银箔粉食品违法行为的通知》，金、银箔粉不是食品添加剂，不能用于食品生产经营。

依据《关于依法查处生产经营含金银箔粉食品违法行为的通知》，食品生产者不得采购使用金、银箔粉生产加工食品；食品销售者不得采购销售含金、银箔粉食品；餐饮服务提供者不得制作售卖含金、银箔粉餐食；不得进口含金、银箔粉食品，已经进口的，立即停止销售；严禁网络平台内经营者销售含金、银箔粉食品；严禁以食品添加金、银箔粉为噱头宣扬奢靡享乐、拜金主义等违背社会良好风尚的广告宣传行为。

延伸阅读

依据GB 2760—2014《食品安全国家标准　食品添加剂使用标准》，食品添加剂被定义为：为改善食品品质和色、香、味，以及为防腐、保鲜和加工工艺的需要而加入食品中的人工合成或者天然物质。食品用香料、胶基糖果中基础剂物质、食品工业用加工助剂也包括在内。

只有列入GB 2760—2014《食品安全国家标准　食品添加剂使用标准》或通过国家卫生健康委员会公告批准的食品添加剂，方可在相应的食品类别中使用。

而金、银箔并不符合食品添加剂的定义，我国也未将金、银箔纳入食品添加剂或允许其作为食品原料使用。因此，金、银箔粉不能用于食品生产加工。

111. 罂粟及其制品是否可用于食品加工？

我国是获得联合国麻管局批准，合法生产储备药用罂粟的国家之一。罂粟籽是麻醉药品原植物种子，罂粟籽不含有吗啡和可待因，含油率为36%~50%，常被加工为高级色拉油与烹调油，我国对其实行严格管制。

在我国，罂粟籽仅允许用于榨取食用油脂，罂粟籽油脂按照新食品原料进行管理，其食用量≤25g/d，仅限用于食用油，不得再生产加工其他食品、食品添加剂。甘肃省农垦集团有限公司是国家指定的唯一的允许利用罂粟籽榨取食用油脂的生产企业，其生产的罂粟籽不得在市场上销售。国家严禁任何单位和个人进口或推销罂粟籽及用罂粟籽生产的罂粟籽珍、罂粟籽酱等调味品。

延伸阅读

《关于批准DHA藻油、棉籽低聚糖等7种物品为新资源食品及其他相关规定的公告》，将御米油（来源为罂粟的种子）批准为新食品原料，食用量≤25g/d，不适宜人群为婴幼儿，规定仅限用于食用油，不得再生产加工其他食品、食品添加剂，标签、说明书中应当标注不适宜人群和食用限量。生产经营御米油应符合《关于加强罂粟籽食品监督管理工作的通知》的要求。

《关于加强罂粟籽食品监督管理工作的通知》规定，甘肃省农垦集团有限公司是国家指定的唯一允许利用罂粟籽榨取食用油脂的生产企业，罂粟籽仅允许用于榨取食用油脂，该公司不得授权、委托其他企业进行御米油的生产加工，不得擅自变更产品名称，也不得在产品包装或宣传中出现“罂粟籽”的字样。御米油为终端产品，不得再深加工为其他产品。禁止其他加工企业购进罂粟籽油半成品加工御米油（罂粟籽油），禁止分装御米油（罂粟籽油）。

2013年5月3日，原国家卫生和计划生育委员会发布《关于香辛料标准适用有关问题的批复》，明确罂粟种子不得继续作为香辛料和调味品使用。

112. 绿色食品中可否添加新食品原料？

依据2022年1月27日，中国绿色食品发展中心发布的《绿色食品标志许可审查工作规范》（2022版）第十二条（二）规定，申请产品应满足："应为现行《绿色食品产品适用标准目录》内的产品，如产品本身或产品配料成分属于新食品原料、按照传统既是食品又是中药材的物质、可用于保健食品的物品名单中的产品，需同时符合国家相关规定。"

延伸阅读

《关于绿色食品标签标识有关问题的复函》（卫办监督函〔2013〕140号）中规定：

标准代号是指预包装食品产品所执行的涉及产品质量、规格等内容的标准，可以是食品安全国家标准、食品安全地方标准、食品安全企业标准，或其他相关国家标准、行业标准、地方标准。按照《绿色食品标志管理办法》（农业部令2012年第6号）规定，企业在产品包装上使用绿色食品标志，即表明企业承诺该产品符合绿色食品标准。企业可以在包装上标示产品执行的绿色食品标准，也可以标示其生产中执行的其他标准。

113. 新食品原料显齿蛇葡萄叶是否可以使用除冲泡外的其他方式？

不可以，存在一定的风险。依据《关于批准显齿蛇葡萄叶等3种新食品原料的公告》（卫计委公告2013年第16号），标注了食用方式为冲泡，说明专家在批准时有这样的考虑，食用方法为冲泡范围内才是合规的。

延伸阅读

依据2020年发布的《关于瑞士乳杆菌R0052等53种“三新食品”的公告》中批准新食品原料赶黄草，其食用方式为泡饮。依据新食品原料终止审查目录，泸州古蔺赶黄草（后更名为“赶黄草”）的审查意见为：“国家卫生健康委已于2020年第4号公告批准赶黄草作为新食品原料用于泡饮，此次申报扩大到饮料。依据提供的安全性评估资料，同意增加使用范围到饮料，建议终止审查。其赶黄草原料除食用方式外，均执行2020年第4号公告”。

综上，依据赶黄草的批准公告及后期申报将其扩大到饮料范围内等信息可知，还是要严格按照新食品原料公告的食用方式使用，如需添加到饮料或采用其他的食用方法，建议通过扩大其申报范围批准后使用。

114. 副干酪乳杆菌使用范围有哪些要注意的问题？

2008年发布的新资源食品公告里面是规定了副干酪乳杆菌（GM080、GMNL-33）的使用范围为乳制品、保健食品、饮料、饼干、糖果、冰淇淋这几类，但在《可用于食品的菌种名单》（卫办监督发〔2010〕65号）将其列为可食用菌种，且没有限定食品类别，依照时间的先后顺序来看，如果是有限定或许会有公告之类的文件说明，但是目前没有相关文件说明，按照法规的先后顺序来说，按照《可用于食品的菌种名单》（卫办监督发〔2010〕65号）的要求使用即可。

延伸阅读

2022年8月卫生健康委员会发布了关于《可用于食品的菌种名单》和《可用于婴幼儿食品的菌种名单》更新的公告。

依据公告解读内容：原卫生部先后于2010年、2011年发布了《可用于食品的菌种名单》（含21个菌种）、《可用于婴幼儿食品的菌种名单》（含4个菌种的6个菌株）。2013年《新食品原料安全性审查管理办法》施行后，又陆续审批公告了16个可用于食品的菌种和8个可用于婴幼儿食品的菌株。近年来，有关国际权威组织对涉及两个名单中部分菌种和菌株的分类学地位和拉丁名称进行了调整，并在相关国际食品和贸易领域广泛使用。为规范两个名单的管理，顺应国际食品贸易需要，便于公众检索查询，对两个名单进行了更新。对名单中涉及菌种分类和命名调整的，设置两年过渡期。

在更新的名单中保留了原名单的中文名称和拉丁名称，便于菌种使用者和管理者查阅。过渡期内新旧菌种名称均可以使用，过渡期满后均需使用更新后的菌种名单。

115. 益生菌类保健食品，可以使用《可用于食品的菌种名单》的菌种申报吗？

可以申报。申报者应按照2005年5月20日国家食品药品监督管理局发布的《益生菌类保健食品申报与审评规定（试行）》提供相应资料，特别应针对第六条第十一款“使用《可用于保健食品的益生菌菌种名单》之外的益生菌菌种的，还应当提供菌种具有功效作用的研究报告、相关文献资料和菌种及其代谢产物不产生任何有毒有害作用的资料”的规定，准备相应的申报材料。

延伸阅读

原卫生部在《卫生部关于印发真菌类和益生菌类保健食品评审规定的通知》（卫法监发〔2001〕84号）明确规定了可用于保健食品的益生菌菌种名单，共9种，包括：两歧双歧杆菌（*Bifidobacterium bifidum*）、婴儿双歧杆菌（*B. infantis*）、长双歧杆菌（*B. longum*）、短双歧杆菌（*B. breve*）、青春双歧杆菌（*B. adolescentis*）、保加利亚乳杆菌（*Lactobacillus. bulgaricus*）、嗜酸乳杆菌（*L. acidophilus*）、干酪乳杆菌干酪亚种（*L. casei* subsp. *casei*）、嗜热链球菌（*Streptococcus thermophilus*）。

原卫生部《关于批准罗伊氏乳杆菌为可用于保健食品的益生菌菌种的公告》（2003年第3号）批准罗伊氏乳杆菌（*Lactobacillus reuteri*）可用于保健食品。

116 不同原料的保健食品，注意事项标注要求有哪些？

不同原料组方的保健食品，因原料本身的限制，其注意事项标注应当包括且不限于下表所示内容。

表　部分原料组方保健食品注意事项标注内容

序号	项目	信息	内容
1	主要原料	大豆异黄酮	不宜与含大豆异黄酮成分的产品同时食用，长期食用注意妇科检查
2	主要原料	大豆提取物	不宜与含大豆提取物成分的产品同时食用，长期食用注意妇科检查
3	主要原料	褪黑素	从事驾驶、机械作业或危险操作者，不要在操作前或操作中食用；自身免疫症状（类风湿等）及甲亢患者慎用
4	主要原料	拟黑多刺蚁	过敏体质者慎用
5	主要原料	黑翅土白蚁	过敏体质者慎用
6	主要原料	双齿多刺蚁	过敏体质者慎用
7	主要原料	黄翅大白蚁	过敏体质者慎用
8	主要原料	台湾乳白蚁	过敏体质者慎用
9	主要原料	辅酶Q_{10}	服用治疗药物的人群食用本品时应向医生咨询
10	主要原料	红曲	本品不宜与他汀类药物同时使用
11	主要原料	硒	高硒地区人群不宜食用
12	主要原料	芦荟	食用本品后如出现腹泻，请立即停止食用
13	主要原料	熟大黄	食用本品后如出现腹泻，请立即停止食用
14	主要原料	何首乌	食用本品后如出现腹泻，请立即停止食用；本品含何首乌，不宜长期超量服用，避免与肝毒性药物同时使用，注意监测肝功能
15	主要原料	决明子	食用本品后如出现腹泻，请立即停止食用
16	主要原料	苯丙氨酸	苯丙酮尿症患者慎用

第三章

食品生产经营常见问题

117. 普通食品上市销售的基本要求有哪些？

普通食品上市必须符合食品安全国家标准和相应的产品标准，除此之外，还应取得正规的合法的生产及销售手续，如依法取得营业执照、食品生产许可证、食品经营许可证等。

延伸阅读

生产企业需要的基本主体资质和食品相关的资质要求如下：

（1）营业执照：根据《中华人民共和国公司法》第七条依法设立的公司，由公司登记机关发给公司营业执照。公司营业执照签发日期为公司成立日期。

（2）食品生产及经营许可证：根据《中华人民共和国食品安全法》第三十五条国家对食品生产经营实行许可制度。从事食品生产、食品销售、餐饮服务，应当依法取得许可。但是，销售食用农产品和仅销售预包装食品的，不需要取得许可。仅销售预包装食品的，应当报所在地县级以上地方人民政府食品安全监督管理部门备案。

（3）以上主要为食品相关的基本资质要求，若作为食品生产经营企业，还应取得其他相应的资质要求，如消防、环保及其他前置许可等要求。

118. 保健食品上市销售的基本要求有哪些？

保健食品属于特殊食品，国家对其实行严格监督管理，生产保健食品除必须的营业执照、食品生产许可证外，还应取得保健食品注册证明文件或备案证明，生产企业应当按照注册或者备案的产品配方、生产工艺等技术要求组织生产。

销售方面，除应依法取得食品经营许可证外，保健食品应设置专区，不得与普通食品或者药品混放销售。

延伸阅读

保健食品经营者在经营保健食品的场所、网络平台等显要位置标注“保健食品不是药物，不能代替药物治疗疾病”等消费提示信息，引导消费者理性消费。保健食品消费提示参考模板如下：

（1）保健食品是食品，不是药物，不能代替药物治疗疾病。

（2）选购保健食品要认清、认准产品包装上的保健食品标志及保健食品批准文号，依据其功能和适宜人群科学选用并按标签、说明书的要求食用。保健食品产品注册信息可在国家市场监督管理总局网站查询。

（3）选购保健食品要到正规的商场、超市、药店等经营单位购买，并索要发票或销售凭据。

（4）消费者如对所购买的保健食品质量安全有质疑，或发现存在虚假宣传等违法行为，请及时向当地市场监管部门举报，也可拨打投诉举报电话：12315。

119. 我国对于国外食品工厂有哪些要求？

依据2021年4月12日海关总署发布的《中华人民共和国进口食品境外生产企业注册管理规定》（海关总署第248号令），进口食品境外生产企业，应当获得海关总署注册。注册包括所在国主管当局推荐注册和企业申请注册两种方式。

对于肉与肉制品等18类产品，《规定》要求其所在国家（地区）主管当局应当对其推荐注册的企业进行审核检查，确认符合注册要求后，向海关总署推荐注册并提交以下申请材料：（1）所在国家（地区）主管当局推荐函；（2）企业名单与企业注册申请书；（3）企业身份证明文件，如所在国家（地区）主管当局颁发的营业执照等；（4）所在国家（地区）主管当局推荐企业符合本规定要求的声明；（5）所在国家（地区）主管当局对相关企业进行审核检查的审查报告。必要时，海关总署可以要求提供企业食品安全卫生和防护体系文件，如企业厂区、车间、冷库的平面图以及工艺流程图等。

肉与肉制品等18种类别食品以外的其他食品境外生产企业，应当自行或者委托代理人向海关总署提出注册申请并提交以下申请材料：（1）企业注册申请书；（2）企业身份证明文件，如所在国家（地区）主管当局颁发的营业执照等；（3）企业承诺符合本规定要求的声明。

延伸阅读

《规定》中列出的推荐注册类别包括：肉与肉制品、肠衣、水产品、乳品、燕窝与燕窝制品、蜂产品、蛋与蛋制品、食用油脂和油料、包馅面食、食用谷物、谷物制粉工业产品和麦芽、保鲜和脱水蔬菜以及干豆、调味料、坚果与籽类、干果、未烘焙的咖啡豆与可可豆、特殊膳食食品、保健食品等18种。

120. 什么情况下食品或成分会被停止进口？

依据《中华人民共和国食品安全法》第九十二条，进口的食品、食品添加剂、食品相关产品应当符合我国食品安全国家标准。不符合我国食品安全国家标准或者有证据证明可能危害人体健康的进口食品，进口商应当立即停止进口，并依照该法第六十三条的规定召回。

《中华人民共和国进出口食品安全管理办法》中规定了海关总署可以暂停或者禁止相关食品进口的5种情形，包括出口国家（地区）发生重大动植物疫情，或者食品安全体系发生重大变化，无法有效保证输华食品安全的；进口食品被检疫传染病病原体污染，或者有证据表明能够成为检疫传染病传播媒介，且无法实施有效卫生处理的；海关实施本办法第三十四条第二款规定控制措施的进口食品，再次发现相关安全、健康、环境保护项目不合格的；境外生产企业违反中国相关法律法规，情节严重的；其他信息显示相关食品存在重大安全隐患的。

延伸阅读

《中华人民共和国食品安全法实施条例》第四十七条，食品安全国家标准中通用标准已经涵盖的食品不属于食品安全法第九十三条规定的尚无食品安全国家标准的食品。

海关总署会定期发布“全国未准入境食品化妆品信息”，对全国海关在口岸监管环节检出食品安全卫生等项目不合格进行公示。

121. 申报备案保健食品的流程、周期、费用的具体内容是什么?

备案流程相对简单，包括以下几个部分:（1）获取备案系统登录账号;（2）产品备案信息填报、提交;（3）发放备案号、存档和公开。

申报备案类的营养素补充剂产品，申报周期较短，国产保健食品在省局备案一般在3个月内就可以获得。进口保健食品企业首次申请时一般需要12个月，如果已取得备案账号的话时间可以控制在6～9个月。

申报费用方面，无政府行政性收费，试验是主要的支出项，此外，国产备案保健食品还会包括试制样品产生的加工费用等，费用受产品功能、试验机构选择、原材料价格等较多变化因素影响，所以需要在了解产品具体情况时才可给出判断。

延伸阅读

《保健食品注册与备案管理办法》第四十五条：生产和进口下列保健食品应当依法备案:（1）使用的原料已经列入保健食品原料目录的保健食品;（2）首次进口的属于补充维生素、矿物质等营养物质的保健食品。首次进口的属于补充维生素、矿物质等营养物质的保健食品，其营养物质应当是列入保健食品原料目录的物质。

该办法也对备案流程及要求作出详细的规定，包括如何获取备案系统登录账号，如何填报、提交产品备案信息，以及备案材料符合要求后备案号的发放和备案材料的存档等。

122. 申报注册保健食品的流程、周期、费用的具体内容是什么？

注册保健食品申报流程，主要包括以下几个部分：（1）注册可行性分析；（2）样品准备及测试；（3）完成卷宗编写；（4）卷宗提交至国家市场监督管理总局（以下简称SAMR）；（5）审评中心进行技术审评，若卷宗需要补正，将补正资料提交给审评中心，评审可能需要现场审核和复核检验；（6）审评中心作出决议；（7）SAMR进行行政审查；（8）获得注册批准。

对于注册类的保健食品而言，从目前的法规要求上看，申请时间应是在1年到1年半之间，但从实际操作来看，申请周期相对较长，预计在3～5年。

每个产品的申报费用约为20万美元（具体费用请咨询注册代理公司），注册申报费用包括申报服务费用、试验费用、方法学研究费用等，目前暂无政府行政性收费。上述周期及费用仅为预估，具体产品申报周期及费用，需要根据产品具体情况评估确认。

延伸阅读

《保健食品注册与备案管理办法》第九条：生产和进口下列产品应当申请保健食品注册：（1）使用保健食品原料目录以外原料（以下简称目录外原料）的保健食品；（2）首次进口的保健食品（属于补充维生素、矿物质等营养物质的保健食品除外）。首次进口的保健食品，是指非同一国家、同一企业、同一配方申请中国境内上市销售的保健食品。

该办法也对申请注册保健食品的类型、申请注册需要提供的材料、申请首次进口保健食品注册需要额外提交的补充材料、申报流程作出了要求。

123. 在使用食品安全标准时，如何确定食品的分类？

目前，不同的食品安全国家标准通用标准对应不同的食品分类系统，因此，在使用食品安全标准时，一定要选择该标准对应的食品分类系统并确定食品的分类。比如，食品添加剂标准用于界定食品添加剂的使用范围，其分类系统只适用于食品添加剂标准；污染物标准的分类系统只适用于污染物限量；农药最大残留限量标准的分类系统只适用于农药；生产许可证的分类系统只适用于生产许可。

延伸阅读

由于不同的食品安全标准对应的食品分类系统不同，要特别注意同一种食品在不同食品标准食品分类系统中的类别有可能是不同的。

例如 在GB 2760—2014《食品安全国家标准　食品添加剂使用标准》中稀奶油属于乳及乳制品类别，而在GB 2762—2017《食品安全国家标准　食品中污染物限量》中稀奶油则属于动物油脂。

124. 食品安全标准公布以后，是否可以在实施日期之前实施？

依据《中华人民共和国食品安全法实施条例》第十三条：食品安全标准公布后，食品生产经营者可以在食品安全标准规定的实施日期之前实施并公开提前实施情况。

延伸阅读

除《中华人民共和国食品安全法实施条例》的明确规定外，在公布一些食品安全国家标准时，有时也会公布相应的标准问答，如GB 2762—2017《食品安全国家标准　食品中污染物限量》、GB 7718—2011《食品安全国家标准　预包装食品标签通则》、GB 29921—2013《食品安全国家标准　食品中致病菌限量》等通用标准，在问答中均有以下内容：本标准实施日期之前，允许并鼓励食品生产经营者按照新标准执行，在实施日期之后，食品生产经营者、食品安全监管机构和检验机构应当按照新标准执行，在实施日期前已经生产的食品可在保质期内继续销售。

食品安全国家标准在公布和实施日期之间一般设置一定时间的过渡期，供食品生产经营者和标准执行各方做好实施的准备，过渡期通常是3～12个月。

125. 新食品安全标准实施后，按旧标准生产的库存产品是否可以继续销售？

新标准一般会在正式实施前发布，在标准发布后至正式实施前的这段时间，企业需要及时利用这段时间调整过渡，为产品更替提前做好计划。部分标准发布后会通过解读等方式解释过渡期的问题，如GB 23350—2021《限制商品过度包装要求　食品和化妆品》发布时，市场监管总局曾在新闻发布会中提到从标准发布到正式实施设置两年过渡期，过渡期满后不得生产和销售不符合新标准的产品。

此前，GB 2761—2017《食品安全国家标准　食品中真菌毒素限量》及GB 2762—2017《食品安全国家标准　食品中污染物限量》解读中提到在新标准实施日期前已生产的食品，可在产品保质期内继续销售。另外，2017年11月4日第十二届全国人民代表大会常务委员会第三十次会议修订后发布的《中华人民共和国标准化法》中第二十五条要求，不符合强制性标准的产品、服务，不得生产、销售、进口或者提供。依据该条强制性标准执行后，执行旧标准未满足新标准要求的情况即属于违法。

延伸阅读

监管部门鼓励企业提前实施新的食品安全标准，企业应当及时关注标准发布情况，在新标准留有过渡期时做好生产计划，国家卫生健康委员会发布食品安全标准时通常会随附解读，若没有明确在正式实施后上市产品是否可以继续销售的问题，建议企业与监管部门充分沟通，或及时将产品下架以免产生纠纷。

126. 食品安全地方标准在其他行政区域内有效吗？

《中华人民共和国食品安全法》规定，对地方特色食品，没有食品安全国家标准的，省、自治区、直辖市人民政府卫生行政部门可以制定并公布食品安全地方标准，报国务院卫生行政部门备案。食品安全国家标准制定后，该地方标准即行废止。

食品安全地方标准在制定公布的省级行政区以外的其他行政区域内是否有效，还没有一个权威的、明确的答案。

延伸阅读

食品安全地方标准是食品安全标准的组成部分，在一定的时间和范围内可以弥补食品安全国家标准的空白，指导和规范地方特色食品企业的生产和监督管理。地方特色食品，指在部分地域有30年以上传统食用习惯的食品，包括地方特有的食品原料和采用传统工艺生产的、涉及的安全性指标现有标准不能覆盖的食品。

食品安全地方标准包括地方特色食品原料及产品、地方特色食品产品标准配套的检验方法与规程、地方特色食品产品配套的生产经营过程卫生要求等。食品安全国家标准中通用标准或食品产品标准等已经涵盖的食品类别、检验方法，婴幼儿配方食品、特殊医学用途配方食品、保健食品、食品添加剂、食品相关产品等不得制定食品安全地方标准。食品安全地方标准应当符合法律、法规要求，不得与食品安全国家标准矛盾。

127. 食品企业标准备案主要有哪些规定？

《中华人民共和国食品安全法》第三十条、第三十一条规定：国家鼓励食品生产企业制定严于食品安全国家标准或者地方标准的企业标准，在本企业适用，并报省、自治区、直辖市人民政府卫生行政部门备案。省级以上人民政府卫生行政部门应当在其网站上公布制定和备案的食品安全国家标准、地方标准和企业标准，供公众免费查阅、下载。

对食品安全标准执行过程中的问题，县级以上人民政府卫生行政部门应当会同有关部门及时给予指导、解答。

企业标准备案是指食品生产企业将企业标准中食品安全相关内容材料向卫生行政部门进行登记、存档、公开、备查。严于食品安全国家标准或者地方标准，是指企业标准中的食品安全指标限值严于食品安全国家标准或者本市地方标准的相应规定。

延伸阅读

备案企业要对企业标准负责，保证企业标准的内容符合《中华人民共和国食品安全法》及相关法律法规的规定，不得低于相关食品安全国家标准及本市地方标准。备案以后，标准文本全文公开，接受社会监督，一旦发现企业标准违反食品安全法律、法规及食品安全标准规定的，备案企业应及时纠正，不予纠正的卫生行政部门注销备案。

只有严于食品安全国家标准的企业标准，省级卫生行政部门才予以备案。有专家认为，没有严于食品安全国家标准的企业标准，企业可以按照《中华人民共和国标准化法》规定，自我声明公开后实施。

128. 法律禁止生产经营哪些食品？

依据《中华人民共和国食品安全法》第三十四条，下列食品、食品添加剂、食品相关产品禁止生产经营：

（1）用非食品原料生产的食品或者添加食品添加剂以外的化学物质和其他可能危害人体健康物质的食品，或者用回收食品作为原料生产的食品；（2）致病性微生物，农药残留、兽药残留、生物毒素、重金属等污染物质以及其他危害人体健康的物质含量超过食品安全标准限量的食品、食品添加剂、食品相关产品；（3）用超过保质期的食品原料、食品添加剂生产的食品、食品添加剂；（4）超范围、超限量使用食品添加剂的食品；（5）营养成分不符合食品安全标准的专供婴幼儿和其他特定人群的主辅食品；（6）腐败变质、油脂酸败、霉变生虫、污秽不洁、混有异物、掺假掺杂或者感官性状异常的食品、食品添加剂；（7）病死、毒死或者死因不明的禽、畜、兽、水产动物肉类及其制品；（8）未按规定进行检疫或者检疫不合格的肉类，或者未经检验或者检验不合格的肉类制品；（9）被包装材料、容器、运输工具等污染的食品、食品添加剂；（10）标注虚假生产日期、保质期或者超过保质期的食品、食品添加剂；（11）无标签的预包装食品、食品添加剂；（12）国家为防病等特殊需要明令禁止生产经营的食品；（13）其他不符合法律、法规或者食品安全标准的食品、食品添加剂、食品相关产品。

延伸阅读

《中华人民共和国食品安全法》第一百二十三条规定：用非食品原料生产食品、在食品中添加食品添加剂以外的化学物质和其他可能危害人体健康的物质，或者用回收食品作为原料生产食品，或者经营上述食品，尚不构成犯罪的，由县级以上人民政府食品安全监督管理部门没收违法所得和违法生产经营的食品，并可以没收用于违法生产经营的工具、设备、原料等物品；违法生产经营的食品货值金额不足一万元的，并处十万元以上十五万元以下罚款；货值金额一万元以上的，并处货值金额十五倍以上三十倍以下罚款；情节严重的，吊销许可证，并可以由公安机关对其直接负责的主管人员和其他直接责任人员处五日以上十五日以下拘留。

129. 我国对三聚氰胺如何管理？

三聚氰胺不是食品原料，也不是食品添加剂，禁止人为添加到食品中。对在食品中人为添加三聚氰胺的，依法追究法律责任。三聚氰胺作为化工原料，可用于塑料、涂料、黏合剂、食品包装材料的生产。资料表明，三聚氰胺可能从环境、食品包装材料等途径进入食品中，其含量很低。

为确保人体健康和食品安全，原卫生部等5部门发布《关于三聚氰胺在食品中的限量值的公告》（2011年第10号），在总结乳与乳制品中三聚氰胺临时管理限量值公告（2008年第25号公告）实施情况基础上，考虑到国际食品法典委员会已提出食品中三聚氰胺限量标准，特制定我国三聚氰胺在食品中的限量值。

该公告规定：婴儿配方食品中三聚氰胺的限量值为1mg/kg，其他食品中三聚氰胺的限量值为2.5mg/kg，高于上述限量的食品一律不得销售。

延伸阅读

为了规范对乳与乳制品中三聚氰胺的管理，国家市场监督管理总局等部门发布了多项标准以规范对三聚氰胺的管理，相关主要标准如下：

GB/T 22400—2008《原料乳中三聚氰胺快速检测　液相色谱法》

GB/T 22388—2008《原料乳与乳制品中三聚氰胺检测方法》

KJ 201907《液体乳中三聚氰胺的快速检测　胶体金免疫层析法》

KJ 201908《液体乳中三聚氰胺的快速检测　拉曼光谱法》

130. 对非法添加物是否需要制定标准？

食品安全标准是在正常生产经营情况下制定出来的，人为的掺杂使假、非法添加不能靠制定标准实施有效管理。非食用物质不允许人为添加到食品中，不存在允许加入多少的问题，因此不需要制定相应的限量标准。非食用物质可按照《食品中可能违法添加的非食用物质和易滥用的食品添加剂品种名单》进行管理。

延伸阅读

《中华人民共和国食品安全法》第三十四条已明确规定禁止生产经营用非食品原料生产的食品或添加食品添加剂以外的化学物质和其他可能危害人体健康物质的食品。

目前按照国务院卫生行政部门发布的《食品中可能违法添加的非食用物质和易滥用的食品添加剂品种名单》，即“黑名单”制度加以管理。按照此名单的规定，我国对名单中的非食用物质采取“零容忍”的监管态度，从源头打击在食品中非法添加非食用物质的行为。随着食品安全监管体制的变化，制定“黑名单”的部门也会发生变化，并及时更新和完善“黑名单”。

有些非食用物质，也可能从环境、食品包装材料等途径进入食品中，如三聚氰胺，为便于监管，可以制定限量值或临时限量值。

131. 使用新食品原料有哪些注意事项？

使用新食品原料时，需要符合新食品原料公告和新食品原料终止审查目录中的使用范围、使用限量、标签标示等要求。

使用范围方面，不可超出公告的批准范围；使用限量方面，注意部分新食品原料浓度折算的要求。如原卫生部《关于叶黄素酯使用问题的复函》（卫办监督函〔2011〕449号）提到，“通过微囊化和稀释工艺生产的低浓度叶黄素酯，可以作为食品原料使用，其食用量应当按产品浓度折合计算”。

标签标示方面，除部分新食品原料公告中明确提到“标签、说明书中应当标注不适宜人群和食用限量”外，还可参照原卫生部等6部局发布的《关于含库拉索芦荟凝胶食品标识规定的公告》（2009年第1号）中对于库拉索芦荟凝胶的要求，在无法确保消费者的日摄入量在安全范围内时，补充标注每日食用量警示语，以降低消费者过量食用的风险。

延伸阅读

我国新食品原料管理经过《新资源食品卫生管理办法》（已废止，1990年7月27日卫生部发布）《新资源食品管理办法》（已废止，2007年7月2日卫生部）和《新食品原料安全性审查管理办法》（2013年5月31日国家卫生和计划生育委员会令第1号公布，2017年12月26日修订）多部规章的革新，新食品原料名称也从“新资源食品”变革而来，在使用新食品原料时要综合考虑机构改革前发布的公告、复函以及最新的新食品原料终止审查目录等内容。

《新食品原料安全性审查管理办法》第十九条规定：新食品原料生产单位应当按照新食品原料公告要求进行生产，保证新食品原料的食用安全。第二十条规定：食品中含有新食品原料的，其产品标签标识应当符合国家法律、法规、食品安全标准和国家卫生健康委员会公告要求。

132. 食品添加剂需要进行境外生产企业注册吗？

食品添加剂不需要进行境外生产企业注册。

依据《中华人民共和国进口食品境外生产企业注册管理规定》第二条，向中国境内出口食品的境外生产、加工、贮存企业（以下统称进口食品境外生产企业）的注册管理适用本规定。

该条款规定的进口食品境外生产企业不包括食品添加剂、食品相关产品的生产、加工、贮存企业。

延伸阅读

《中华人民共和国进口食品境外生产企业注册管理规定》于2021年4月12日发布，2022年1月1日起实施，替代2012年3月22日原国家质量监督检验检疫总局令第145号公布《进口食品境外生产企业注册管理规定》，规定了海关总署统一负责进口食品境外生产企业的注册管理工作，进口食品境外生产企业，应当获得海关总署注册。

133. 进口尚无食品安全国家标准的食品，或首次进口食品添加剂新品种等，进口商应当履行哪些手续？

《中华人民共和国食品安全法》第三十七条规定：利用新的食品原料生产食品，或者生产食品添加剂新品种、食品相关产品新品种，应当向国务院卫生行政部门提交相关产品的安全性评估材料。国务院卫生行政部门应当自收到申请之日起六十日内组织审查；对符合食品安全要求的，准予许可并公布；对不符合食品安全要求的，不予许可并书面说明理由。

第九十三条规定：进口尚无食品安全国家标准的食品，由境外出口商、境外生产企业或者其委托的进口商向国务院卫生行政部门提交所执行的相关国家（地区）标准或者国际标准。国务院卫生行政部门对相关标准进行审查，认为符合食品安全要求的，决定暂予适用，并及时制定相应的食品安全国家标准。进口利用新的食品原料生产的食品或者进口食品添加剂新品种、食品相关产品新品种，依照本法第三十七条的规定办理。

出入境检验检疫机构按照国务院卫生行政部门的要求，对每款规定的食品、食品添加剂、食品相关产品进行检验。检验结果应当公开。

综上所述，进口尚无食品安全国家标准的食品，应当符合国务院卫生行政部门公布的暂予适用的相关标准要求。利用新的食品原料生产的食品，应当取得国务院卫生行政部门对新食品原料的许可。

延伸阅读

2013年，原国家卫生和计划生育委员会发布了《关于龙舌兰酒按照进口尚无食品安全国家标准食品管理的公告》同意龙舌兰酒（英文名：Tequila 100% Agave）按照进口尚无食品安全国家标准食品进行管理。2020年，国家卫生健康委员会发布了“关于发布脱蛋白乳矿物乳糖粉（乳制品渗透物粉）适用标准（暂行）的公告”。

到目前为止，我国仅有龙舌兰酒和脱蛋白乳矿物乳糖粉，按照进口尚无食品安全国家标准食品管理。

134. 日本输华食品的特殊要求有哪些?

中国目前禁止从日本福岛县、群马县、枥木县、茨城县、宫城县、新潟县（大米除外）、长野县、埼玉县、东京都、千叶县等10个都县进口食品、食用农产品及饲料。

除上述要求外，依据海关总署发布的《关于全面暂停进口日本水产品的公告》（海关总署公告2023年第103号），自2023年8月24日（含）起我国暂停进口原产地为日本的水产品（含食用水生动物）。

延伸阅读

2011年4月，原国家质量监督检验检疫总局发布《关于进一步加强从日本进口食品农产品检验检疫监管的公告》，规定自即日起，禁止从日本福岛县、群马县、枥木县、茨城县、宫城县、山形县、新潟县、长野县、山梨县、埼玉县、东京都、千叶县等12个都县进口食品、食用农产品及饲料。进口日本其他地区生产的食品、食用农产品及饲料，报检时应提供日本政府出具的放射性物质检测合格的证明、原产地证明。各地检验检疫机构要对进口的食品、食用农产品及饲料进行放射性物质检测，合格后方可进口；不合格的，要按规定予以公布。

2011年6月，原国家质量监督检验检疫总局发布《关于调整日本输华食品农产品检验检疫措施的通知》规定通知下发之日起，允许日本山梨、山形2个县2011年5月22日后生产的符合我国要求的食品、食用农产品和饲料进口。允许输华的日本食品、食用农产品和饲料中，除蔬菜及其制品、乳及乳制品、水产品及水生动物、茶叶及制品、水果及制品、药用植物产品外，不再要求日方出具放射性物质检测合格证明。所有允许输华的日本食品、食用农产品和饲料仍需日本官方出具原产地证明。

2018年11月，海关总署发布《关于允许日本新潟大米进口的公告》，允许日本新潟大米进口，日本新潟大米是指日本新潟县产稻谷及新潟县产稻谷加工的糙米，经获得海关总署注册登记的日本大米加工厂加工而成的大米。

135. 婴幼儿配方液态奶是否也需要经过注册？

液态奶是不需要配方注册的，目前配方注册仅为乳基粉状产品。对于从国外进口的婴幼儿配方液态奶（以下简称“液态婴配”），如果是通过一般贸易进口的，则需要符合中国食品安全国家标准的要求，即GB 10765—2021《食品安全国家标准　婴儿配方食品》、GB 10766—2021《食品安全国家标准　较大婴儿配方食品》、GB 10767—2021《食品安全国家标准　幼儿配方食品》的要求；若是通过跨境电商进入中国，则不需要遵守上述食品安全国家标准的要求。

延伸阅读

《中华人民共和国食品安全法》第八十一条规定：婴幼儿配方乳粉的产品配方应当经国务院食品安全监督管理部门注册。注册时，应当提交配方研发报告和其他表明配方科学性、安全性的材料。不得以分装方式生产婴幼儿配方乳粉，同一企业不得用同一配方生产不同品牌的婴幼儿配方乳粉 。

2023年11月1日，国家市场监督管理总局发布《婴幼儿配方液态奶生产许可审查细则》（征求意见稿），内容包括生产场所、设备设施、设备布局与工艺、人员管理、管理制度等，整体结构与2022版《婴幼儿配方乳粉生产许可审查细则》一致，征求意见稿同时要求不得以委托、分装方式生产液态婴配，同一企业不得用同一配方生产不同的液态婴配，不得在国内生产其仅在境外注册商标和企业名称、地址的液态婴配产品，不得以乳粉复原，或以婴幼儿配方乳粉或基粉为主要原料，生产液态婴配。

136. 同一个企业可以注册多少个婴幼儿配方乳粉产品配方？

依据《婴幼儿配方乳粉产品配方注册管理办法》第二章第十条：同一企业申请注册两个以上同年龄段产品配方时，产品配方之间应当有明显差异，并经科学证实。每个企业原则上不得超过3个配方系列9种产品配方，每个配方系列包括婴儿配方乳粉（0～6月龄，1段）、较大婴儿配方乳粉（6～12月龄，2段）、幼儿配方乳粉（12～36月龄，3段）。

第十一条，已经取得婴幼儿配方乳粉产品配方注册证书及生产许可的企业集团母公司或者其控股子公司可以使用同一企业集团内其他控股子公司或者企业集团母公司已经注册的婴幼儿配方乳粉产品配方。组织生产前，企业集团母公司应当充分评估配方调用的可行性，确保产品质量安全，并向国家市场监督管理总局提交书面报告。

延伸阅读

婴幼儿配方乳粉分段：婴儿配方乳（奶）粉（0～6个月，1段）、较大婴儿配方乳（奶）粉（6～12个月，2段）、幼儿配方乳（奶）粉（12～36个月，3段）。

《中华人民共和国食品安全法》第八十一条规定，婴幼儿配方乳粉的产品配方应当经国务院食品药品监督管理部门注册。注册时，应当提交配方研发报告和其他表明配方科学性、安全性的材料。不得以分装方式生产婴幼儿配方乳粉，同一企业不得用同一配方生产不同品牌的婴幼儿配方乳粉。

137. 通过跨境电商模式购买的原装进口婴幼儿乳粉，可以再进行销售吗？

不可以。依据《商务部 发展改革委 财政部 海关总署 税务总局 市场监管总局关于完善跨境电子商务零售进口监管有关工作的通知》（商财发〔2018〕486号）有关规定：消费者购买的商品仅限个人自用，不得再次销售。

延伸阅读

“婴幼儿配方食品”属于特殊食品，我们进行严格的监管，相关管理要求如下：

《中华人民共和国食品安全法》第七十四条：国家对保健食品、特殊医学用途配方食品和婴幼儿配方食品等特殊食品实行严格监督管理。

《中华人民共和国食品安全法》第八十一条：婴幼儿配方乳粉的产品配方应当经国务院食品安全监督管理部门注册。注册时，应当提交配方研发报告和其他表明配方科学性、安全性的材料。不得以分装方式生产婴幼儿配方乳粉，同一企业不得用同一配方生产不同品牌的婴幼儿配方乳粉。

《中华人民共和国食品安全法》第九十七条：进口的预包装食品、食品添加剂应当有中文标签；依法应当有说明书的，还应当有中文说明书。标签、说明书应当符合本法以及我国其他有关法律、行政法规的规定和食品安全国家标准的要求，并载明食品的原产地以及境内代理商的名称、地址、联系方式。预包装食品没有中文标签、中文说明书或者标签、说明书不符合本条规定的，不得进口。

依据上述相关规定，国家对婴幼儿配方食品实施严格的监管，对婴幼儿配方乳粉的产品配方实施注册制管理，并对生产全过程进行严格的要求，食品标签必须合法、进口食品标签应当符合《中华人民共和国食品安全法》等规定，且中文标签必须印制在最小销售包装上，不得加贴。

138. 跨境电商模式进口的保健食品如何监管？

《中华人民共和国食品安全法》规定我国的保健食品实行注册与备案双轨制。通过跨境电商形式进口的食品（保健食品）依据个人物品进行监管，不得进行二次销售，同时其不属于我国法规和标准规定的保健食品。

延伸阅读

跨境电商是不同国家的交易双方，借助互联网渠道完成交易、进行支付结算，并通过跨境物流送达商品、完成交易的一种国际商业活动。具体来说，即通过京东国际等电商平台实现商品展示、买卖双方沟通协商、意见达成一致、买家依约付款、卖家依约发货等一系列买卖行为。

跨境电商购买产品按照个人自用进境物品监管。在海关监管方面，物品与货物的监管不同，进出境物品以合理自用数量为限，超出数量限制的，可能会被海关认定为货物。正因为按照个人自用进境物品监管，所以才会在外汇、税收、许可证件、检验检疫方面享有诸多便利。

对跨境电子商务零售模式进口模式有交易限额的规定，为单次交易限值5000元，个人年度交易限值26000元，且未来跨境进口的这类特殊食品可能也需执行首次进口许可批件、注册或备案的要求。

139 产品执行标准中规定保质期的，是否能延长保质期？

在没有充分依据的前提下，食品生产企业是不得随意延长食品保质期。对于执行企业标准，可以经过保质期实验延长保质期，并及时修改企业标准；对于行业标准和地方标准中有保质期规定的，不建议延长保质期。

延伸阅读

GB 7718—2011《食品安全国家标准　预包装食品标签通则》，保质期是指预包装食品在标签指明的贮存条件下，保持品质的期限。在此期限内，产品完全适于销售，并保持标签中不必说明或已经说明的特有品质。

《中华人民共和国食品安全法》对保质期也有明确规定，如第六十七条：预包装食品的包装上应当有标签。标签应当标明保质期等相关事项。第七十一条：食品和食品添加剂的标签、说明书应当清楚、明显，生产日期、保质期等事项应当显著标注，容易辨识。

依据上述规定，食品保质期是指食品在标明的贮存条件下保持品质的期限。保质期由厂家依据生产的食品特性、加速实验或测试结果进行确定，相当于企业针对产品对消费者给出的承诺——在此期限内，食品的风味、口感、安全性各方面都有保证，可以放心食用。

企业应以科学的风险评估为前提，为食品制定合理的保质期限，并依靠专业机构的技术支持，通过检测验证食品在标注的保质期内能否满足产品质量安全标准。

140. 食品保质期计算起点应从哪天开始？

2015年4月11日，原国家卫生和计划生育委员会食品司发布《关于预包装食品保质期标示有关问题的复函》（国卫食品标便函〔2015〕58号），规定了保质期的计算起点，具体答复如下：依据GB 7718—2011《食品安全国家标准　预包装食品标签通则》，生产日期是指食品成为最终产品的日期，也包括包装或灌装日期。保质期是指预包装食品在标签指明的贮存条件下，保持品质的期限。在此期限内，产品完全适于销售，并保持标签中不必说明或已经说明的特有品质。食品生产者可选择以具体日期或固定时间段的形式标示保质期，保质期应与生产日期具有对应关系。以固定时间段形式标示保质期的，可选择以生产日期或生产日期第二天为保质期计算起点。

因此，当食品生产者选择以固定时间段的形式标示保质期时，可以选择以生产日期或生产日期第二天为保质期计算起点。

延伸阅读

2015年7月，原江西省食品药品监督管理局发布了《关于预包装食品保质期计算起点的批复》，相关内容如下：依据GB 7718—2011《食品安全国家标准　预包装食品标签通则》实施指南中有关预包装食品保质期的释义（4.1.7日期标示-释义），“企业可自主决定以具体时间的形式或固定时间段的方式标示保质期，但保质期必须与生产日期具有对应关系，即以生产日期为保质期计算起点或生产日期第二天为保质期计算起点”。

因此，以生产日期第二天为保质期起算起点符合GB 7718—2011《食品安全国家标准　预包装食品标签通则》实施指南的要求。该技术规范由国家食品安全风险评估中心和中国食品工业协会发布，具有相应的技术权威性和实施效力。

141. 国家标准中未明确规定出厂检验项目和型式检验项目，应如何执行？

出厂检验项目和型式检验项目在新发布的食品安全国家标准中已不再含有，可以参照产品生产许可审查细则或者是相应的推荐性国家标准、行业标准中相关要求由企业自主制定。

延伸阅读

关于出厂检验项目《中华人民共和国食品安全法》中要求整理如下：

第四十六条规定：食品生产企业应当就下列事项制定并实施控制要求，保证所生产的食品符合食品安全标准：原料检验、半成品检验、成品出厂检验等检验控制。

第五十一条规定：食品生产企业应当建立食品出厂检验记录制度，查验出厂食品的检验合格证和安全状况，如实记录食品的名称、规格、数量、生产日期或者生产批号、保质期、检验合格证号、销售日期以及购货者名称、地址、联系方式等内容，并保存相关凭证。记录和凭证保存期限应当符合本法第五十条第二款的规定。

第五十三条规定：食品经营者采购食品，应当查验供货者的许可证和食品出厂检验合格证或者其他合格证明（以下称合格证明文件）。

142. 因标签等不符合食品安全标准而被召回的食品，是否可以继续销售？

依据《中华人民共和国食品安全法》第六十三条，对因标签、标志或者说明书不符合食品安全标准而被召回的食品，食品生产者在采取补救措施且能保证食品安全的情况下可以继续销售；销售时应当向消费者明示补救措施。

延伸阅读

依据《中华人民共和国食品安全法》，国家建立食品召回制度。食品生产者发现其生产的食品不符合食品安全标准或者有证据证明可能危害人体健康的，应当立即停止生产，召回已经上市销售的食品，通知相关生产经营者和消费者，并记录召回和通知情况。

食品经营者发现其经营的食品有前款规定情形的，应当立即停止经营，通知相关生产经营者和消费者，并记录停止经营和通知情况。食品生产者认为应当召回的，应当立即召回。由于食品经营者的原因造成其经营的食品有前款规定情形的，食品经营者应当召回。

食品生产经营者应当将食品召回和处理情况向所在地县级人民政府食品安全监督管理部门报告；需要对召回的食品进行无害化处理、销毁的，应当提前报告时间、地点。食品安全监督管理部门认为必要的，可以实施现场监督。

食品生产经营者未依照本条规定召回或者停止经营的，县级以上人民政府食品安全监督管理部门可以责令其召回或者停止经营。

143. 新食品原料公告中的不适宜人群“婴幼儿”是否指0～36个月龄人群？

是的。新食品原料公告中出现不适宜人群为“婴幼儿”的原料公告说明中解释为：尚未对婴幼儿的食用安全进行评估，婴幼儿不宜食用。依据我国现行食品安全标准分类，“婴幼儿”包含：0～6个月龄“婴儿”、6～12个月龄“较大婴儿”和12～36个月龄“幼儿”。因此，公告中出现的“婴幼儿”指0～36个月龄人群。

延伸阅读

GB 10765—2021《食品安全国家标准　婴儿配方食品》适用范围为0～6个月龄婴儿食用的配方食品；GB 10766—2021《食品安全国家标准　较大婴儿配方食品》适用范围为6～12个月龄较大婴儿食用的配方食品；GB 10767—2021《食品安全国家标准　幼儿配方食品》适用范围为12～36月龄幼儿食用的配方食品。

《新食品原料安全性审查管理办法》（2017年修订版）要求：食品中含有新食品原料的，其产品标签标识应当符合国家法律、法规、食品安全标准和国家卫生和计划生育委员会公告要求。

建议企业应当严格参照公告使用范围进行使用，注意有特殊要求的标示事项。

144. 哪些食品可以进行辐照？

GB 18524—2016《食品安全国家标准　食品辐照加工卫生规范》规定，“食品辐照”为利用电离辐射在食品中产生的辐射化学与辐射微生物学效应而达到抑制发芽、延迟或促进成熟、杀虫、杀菌、灭菌和防腐等目的的辐照过程。

该标准规定了辐照食品种类应在GB 14891系列标准规定的范围内，不允许对其他食品进行辐照处理，具体如下表所示。

表　辐照食品相关标准

标准名称	标准代号
辐照熟畜禽肉类卫生标准	GB 14891.1—1997
辐照花粉卫生标准	GB 14891.2—1994
辐照干果果脯类卫生标准	GB 14891.3—1997
辐照香辛料类卫生标准	GB 14891.4—1997
辐照新鲜水果、蔬菜类卫生标准	GB 14891.5—1997
辐照猪肉卫生标准	GB 14891.6—1994
辐照冷冻包装畜禽肉类卫生标准	GB 14891.7—1997
辐照豆类、谷类及其制品卫生标准	GB 14891.8—1997

延伸阅读

用于辐照处理的食品应按照GB 14881—2013《食品安全国家标准　食品生产通用卫生规范》和相关食品安全国家标准进行处理、加工和运输。同时，按照GB 7718—2011《食品安全国家标准　预包装食品标签通则》要求在标签中应明确标示辐照信息。

145. 哪些食品可以进行分装?

《食品生产许可审查通则（2016版）》问答第十九条提到：“对产品的分装规定按各类食品生产许可证审查细则要求，细则没有明确允许分装的食品不允许分装。”

因此，判断某种食品是否可以分装，首先应先参考《食品生产许可分类目录》，结合相应食品生产许可证审查细则要求，只有食品生产许可审查细则中允许分装的食品才可进行食品分装，如糖果、巧克力及巧克力制品等。

延伸阅读

原卫生部《关于食品分装加工及分装食品监督管理有关问题的批复》（卫监督发〔2004〕310号）中规定，“单纯性分装或添加少量其他成分后分装的定型包装食品皆属于分装的范畴。需要注意的是添加少量其他成分不应改变被加工食品的属性”。

2016年公布的《中华人民共和国食品安全法实施条例（修订草案送审稿）》中对食品分装的定义为：“食品分装，指食品生产经营者将直接投放市场的预包装食品，经过一定的工艺控制，在不影响食品安全的前提下，将大包装食品分成小份，包装成含量较小的预包装食品的食品生产行为。食品经营环节将大包装食品拆零销售，不再加工成预包装食品的，不属于食品分装”。

虽然该定义未出在现行《中华人民共和国食品安全法实施条例》中，但其对分装的定义仍有参考价值。

146. 对预包装食品中混装非食用物品有哪些要求？

《卫生部法监司关于食品中混装非食用物品的批复》（卫法监食发〔2000〕131号）中规定：

在定型包装食品中放入的非食用物品（与食用方式有关的除外），如有独立的包装，且其包装材料符合国家食品包装材料有关标准要求，与食品不是直接接触的，不属于《卫生部关于严禁在食品包装中混装直接接触食品的非食用物品的紧急通知》（卫机发〔2000〕20号）规定的查处范围。

《食品标识管理规定》（总局2009年第123号令）第十五条：混装非食用产品易造成误食，使用不当，容易造成人身伤害的，应当在其标识上标注警示标志或者中文警示说明。

延伸阅读

部分食品生产经营单位将塑料戒指、手链、玩具手枪，甚至废旧注射器等混装在食品中包装出售，在儿童食品中尤为突出。这些物品直接与食品接触，造成食品污染，危害消费者尤其是儿童的身体健康。《卫生部关于严禁在食品包装中混装直接接触食品的非食用物品的紧急通知》（卫机发〔2000〕20号）通知指出：定型包装的食品中，不得放置任何与食品直接接触的非食用物品，但与食用方式有关，且符合卫生要求的餐饮具等物品除外。

《总局办公厅关于预包装食品中掺入印刷物问题的复函》（食药监办食监一函〔2017〕735号）规定：为实现食品包装、运输和贮存的目的，在不危害食品安全的前提下，预包装食品中可以加入必要的印刷物，但此类印刷物标注的内容应当符合《中华人民共和国食品安全法》及相关法律法规和标准的要求，且不得代替食品最外层包装物上依法应当标注的内容。食品生产经营者在食品包装物内加入的各类印刷物，直接接触食品的，应当符合食品相关产品的有关要求及GB 4806.1—2016《食品安全国家标准　食品接触材料及制品通用安全要求》等相关食品安全标准。

147. 商品过度包装会受到哪些处罚？

商品过度包装是指超出了商品保护、展示、储存、运输等正常功能要求的包装，主要表现为包装层数过多、包装空隙过大、包装成本过高、选材用料不当等。为进一步加强商品过度包装问题的治理，国务院发布了《关于进一步加强商品过度包装治理的通知》。对违反国家有关限制商品过度包装规定的行为要依法予以处理并责令限期整改。

依据2020年4月29日第十三届全国人民代表大会常务委员会第十七次会议第二次修订后发布的《中华人民共和国固体废物污染环境防治法》第一百零五条规定，生产经营者未遵守限制商品过度包装的强制性标准的，由县级以上地方人民政府市场监督管理部门或者有关部门责令改正；拒不改正的，处2000元以上2万元以下的罚款；情节严重的，处2万元以上10万元以下的罚款。

在过度包装方面，GB 23350—2021《限制商品过度包装要求　食品和化妆品》对食品和化妆品的包装空隙率、包装层数、包装成本等内容进行要求，且2023年9月8日发布的GB 43284—2023《限制商品过度包装要求　生鲜食用农产品》规定了蔬菜（含食用菌）、水果、畜禽肉、水产品和蛋5大类生鲜食用农产品是否过度包装的技术指标和判定方法。

延伸阅读

《关于进一步加强商品过度包装治理的通知》（国办发〔2022〕29号）中明确要求强化监管执法，部署市场监管部门针对重要节令、重点行业和重要生产经营企业，聚焦月饼、粽子、茶叶、保健食品、化妆品等重点商品，依法严格查处生产、销售过度包装商品的违法行为，尤其要查处链条性、隐蔽性案件；对酒店、饭店等提供高端化定制化礼品中的过度包装行为，以及假借文创名义的商品过度包装行为，依法从严查处。轻工企业要严格执行强制性国家标准，自觉接受监督和检查。要求到2025年，月饼、粽子、茶叶等重点商品过度包装违法行为得到有效遏制。相关生产企业要积极行动起来，快速“瘦身”。

148. 当前法规对赠品是如何要求的?

在促销活动中，商家为消费者提供赠品是比较常见的促销手段，虽然其具有免费或赠送的性质，但赠品也应遵守相关法规规定。当前法规对赠品的总体要求是不得存在质量安全问题，应视同销售的商品，相关法规依据如下：

（1）《规范促销行为暂行规定》第十条规定：经营者在促销活动中提供的奖品或者赠品必须符合国家有关规定，不得以侵权或者不合格产品、国家明令淘汰并停止销售的商品等作为奖品或者赠品。

（2）2013年12月23日中华人民共和国最高人民法院发布的《最高人民法院关于审理食品药品纠纷案件适用法律若干问题的规定》第四条规定：食品、药品生产者、销售者提供给消费者的食品或者药品的赠品发生质量安全问题，造成消费者损害，消费者主张权利，生产者、销售者以消费者未对赠品支付对价为由进行免责抗辩的，人民法院不予支持。

（3）GB 28050—2011《食品安全国家标准　预包装食品营养标签通则》问答（修订版）第四十五条规定：当销售单元内包含多种不同的食品，且含有以豁免强制标示营养标签的预包装食品作为赠品时，可以不在外包装上标示赠品的营养信息。

（4）2016年9月12日中华人民共和国商务部、中华人民共和国国家发展和改革委员会、中华人民共和国公安部、国家税务总局和国家工商行政管理总局联合发布的《零售商促销行为管理办法》第十二条规定：零售商开展促销活动，不得降低促销商品（包括有奖销售的奖品、赠品）的质量和售后服务水平，不得将质量不合格的物品作为奖品、赠品。

对食品赠品的标签标示方面建议参考GB 7718—2011《食品安全国家标准　预包装食品标签通则》执行。

延伸阅读

2016年3月17日国家工商行政管理总局发布的《流通领域商品质量监督管理办法》第十四条规定：奖品、赠品等视同销售的商品，应当符合本办法第八条至第十三条规定。该办法已作废，仅供参考。

149. 企业可以因为赠品免费而免责吗？

不可以。依据《最高人民法院关于审理食品药品纠纷案件适用法律若干问题的规定》第四条规定：食品、药品生产者、销售者提供给消费者的食品或者药品的赠品发生质量安全问题，造成消费者损害，消费者主张权利，生产者、销售者以消费者未对赠品支付对价为由进行免责抗辩的，人民法院不予支持。

依据《中华人民共和国民法典》第六百六十二条规定：附义务的赠与，赠与的财产有瑕疵的，赠与人在附义务的限度内承担与出卖人相同的责任。赠与人故意不告知瑕疵或者保证无瑕疵，造成受赠人损失的，应当承担赔偿责任。

延伸阅读

预包装食品作为赠品，其标签标识应符合GB 7718—2011《食品安全国家标准　预包装食品标签通则》，营养标签应符合GB 28050—2011《食品安全国家标准　预包装食品营养标签通则》，以及要符合相应产品执行标准的标签规定。GB 7718—2011《食品安全国家标准　预包装食品标签通则》问答（修订版）对于赠品净含量标识进行了说明：

赠送装（或促销装）的预包装食品的净含量，可以分别标示销售部分的净含量和赠送部分的净含量，也可以标示销售部分和赠送部分的总净含量并同时用适当的方式标示赠送部分的净含量。如“净含量500克、赠送50克”，“净含量500+50克”；“净含量550克（含赠送50克）”等。

当赠品与产品在同一包装内时：产品标签应符合GB 7718—2011《食品安全国家标准　预包装食品标签通则》的要求，并需要对赠品的净含量进行标注说明。如果赠品与产品有差异，就应该依据《中华人民共和国广告法》第八条规定：

广告中表明推销的商品或者服务附带赠送的，应当明示所附带赠送商品或者服务的品种、规格、数量、期限和方式。

对附带的赠品进行标示说明。当赠品不与产品在同一包装内，属于独立赠送时：依据赠品由生产者、销售者承担责任的条件，如果由于产品标签标注不清，譬如没有标注“生产日期”或者“保质期”，导致受赠方受到伤害，那么赠送方就应承担相应的责任。

150. 关于委托加工时，商品条码的使用有哪些要求？

依据2008年2月19日国家质量监督检验检疫总局发布的《关于〈商品条码管理办法〉实施过程中有关问题意见的函》的要求，委托他人加工产品的，应当使用委托方注册的厂商识别代码及相应的商品条码。当A委托B生产时，产品上的商品条码应标示A的条码，条码扫描后也会显示A的厂商信息。

依据2005年5月30日国家质量监督检验检疫总局发布的《商品条码管理办法》第十九条的规定：系统成员对其厂商识别代码、商品代码和相应的商品条码享有专用权。

因此，当委托关系解除，由B来生产销售产品时，应使用B的条码，条码扫描时应显示B的相应信息。

延伸阅读

如图3所示，EAN13条码中包含了厂商识别代码。按照《商品条码管理办法》的要求，厂商识别代码是唯一的，是依法取得营业执照和相关合法经营资质证明的生产者、销售者和服务提供者到所在地的编码中心地方分支机构申请注册的。该法规第二十条还规定：系统成员不得将其厂商识别代码和相应的商品条码转让他人使用。因此，未经编码中心注册批准、伪造商品条码、授权或转让他人使用条码等行为，都属于违反《商品条码管理办法》的情形。

图3　商品条码

本书涉及相关法律法规，文件公告，国家标准名录

《中华人民共和国食品安全法》

《中华人民共和国食品安全法实施条例》

《中华人民共和国广告法》

《进出口食品安全管理办法》

《食品生产许可管理办法》

《食品经营许可管理办法》

《食品生产经营监督检查管理办法》

《保健食品注册与备案管理办法》

《婴幼儿配方乳粉产品配方注册管理办法》

《特殊医学用途配方食品注册管理办法》

《新食品原料安全性审查管理办法》

《食品添加剂新品种管理办法》

《农业转基因生物标识管理办法》

《互联网广告管理办法》

《药品、医疗器械、保健食品、特殊医学用途配方食品广告审查管理暂行办法》

《进口食品境外生产企业注册管理规定》

《按照传统既是食品又是中药材的物质目录管理规定》

《保健食品标识规定》

《新食品原料申报与受理规定》

《食品标识管理规定》

《规范促销行为暂行规定》

《中华人民共和国药典》

《既是食品又是药品的物品名单》

《可用于食品的菌种名单》

《可用于婴幼儿食品的菌种名单》

《食品中可能违法添加的非食用物质和易滥用的食品添加剂品种名单》

《关于加强固体饮料质量安全监管的公告》

《关于加强酱油和食醋质量安全监督管理的公告》

《关于进一步规范餐饮服务提供者食品添加剂管理的公告》

《关于进一步加强从日本进口食品农产品检验检疫监管的公告》

《关于依法查处生产经营含金银箔粉食品违法行为的通知》

《关于对党参等9种物质开展按照传统既是食品又是中药材的物质管理试点工作的通知》

《关于加强罂粟籽食品监督管理工作的通知》

《关于三聚氰胺在食品中的限量值的公告》

（GB 7718—2011）《食品安全国家标准　预包装食品标签通则》

（GB 28050—2011）《食品安全国家标准　预包装食品营养标签通则》

（GB 13432—2013）《食品安全国家标准　预包装特殊膳食用食品标签》

（GB 29924—2013）《食品安全国家标准　食品添加剂标识通则》

（GB 26687—2011）《食品安全国家标准　复配食品添加剂通则》

（GB 2760—2014）《食品安全国家标准　食品添加剂使用标准》

（GB 14880—2012）《食品安全国家标准　食品营养强化剂使用标准》

（GB 29938—2020）《食品安全国家标准　食品用香料通则》

（GB 30616—2020）《食品安全国家标准　食品用香精》

（GB 31654—2021）《食品安全国家标准　餐饮服务通用卫生规范》

（GB 7101—2022）《食品安全国家标准　饮料》

（GB 10765—2021）《食品安全国家标准　婴儿配方食品》

（GB 10766—2021）《食品安全国家标准　较大婴儿配方食品》

（GB 10767—2021）《食品安全国家标准　幼儿配方食品》

（GB 16740—2014）《食品安全国家标准　保健食品》

（GB 29922—2013）《食品安全国家标准　特殊医学用途配方食品通则》

（GB 22570—2014）《食品安全国家标准　辅食营养补充品》

（GB 31601—2015）《食品安全国家标准　孕妇及乳母营养补充食品》

（GB 10769—2010）《食品安全国家标准　婴幼儿谷类辅助食品》

（GB 24154—2015）《食品安全国家标准　运动营养食品通则》